プラナカン建築の配色は、南国の日射しに映える。意図したかのように

シンガポール

シンガポールの食事はホーカーズにはじまり、ホーカーズで終わる

外国人労働者が支えるシンガポールのグリーン＆クリーン

４シンガポールドルの看板に惹かれて海南鶏飯（ジョー・チアット・ロード）

プラナカン建築と高層HDB（団地）。シンガポールらしい眺め？

マラッカ風プラナカン建築。世界遺産に登録されて、この色合いに統一

マラッカの夜といったらハデハデ電飾自転車。世界遺産とは縁もゆかりもない

女性が被るスカーフ、トゥドゥンはファッションアイテムの道を進化中

上：サテはマレーシア風焼き鳥。ただしビールありません。あしからず
左：海峡の向こうはインド。マラッカはヒンドゥー教徒の聖地？

マレー半島の北東エリア、コタバル。
市場は溢れるエネルギーで、マレー
人の小宇宙へワープする

女性の肌はご法度のイスラム圏ビーチ。ちょっと寂しい（東海岸・ドゥングン）

左上：ドゥングンの食堂の双子店員。写真ＯＫ。ほっとした
左下：マレー人向け食堂で青いご飯、ナシクラブ。詳しくは本文で
下：ドゥングンの猫。彼らも豚肉は食べたことがないはず。たぶん

マレーシア

マレーシアは熱帯雨林に包まれている。マレー半島中心部には巨木の森が広がっている。その緑の濃さに息を呑む

週末シンガポール・マレーシアでちょっと南国気分

下川裕治　　写真・阿部稔哉

朝日文庫

本書は書き下ろしです。

週末シンガポール・マレーシアでちょっと南国気分●目次

地図／フジ企画

シンガポールの通貨はシンガポールドル、マレーシアの通貨はマレーシアリンギット。円とのレートは、二〇一五年十月二十一日現在の一シンガポールドル＝約八十六円、一マレーシアリンギット＝約二十八円で換算している

週末シンガポール・マレーシアでちょっと南国気分

第一章

シンガポール

一日目

人生を忘れそうな南国の快適

二年ほど前だったろうか。シンガポールのミドルロードの緩い坂道の途中にあるカフェにいた。この一帯が、戦前まで日本人町として賑わっていた。当時の手描きの地図があった。そこには福田理髪店、原ステッキ店といった日本語が書き込まれていた。シンガポールの日本人町には、「売春婦先導型の経済」があてはまるのだという。まず売春街ができあがり、そこから生まれる需要を満たすために、さまざまな店が誕生し、街がつくられていくという構造である。売春街は、このミドルロードに交わるハイラム街を中心に広がっていた。日本人町の残映を求めてこの一画を歩いていた。しかし当時を偲ばせる建物はほとんどなかった。旧日本人学校や日本領事館だった建物がみつかっただけだった。歩き疲れて座ったカフェには、心地いい風が吹いていた。街路樹が揺れ、中央分離帯に植えられた花々が、赤道直下の光を反射していた。ふと見ると、ヤシの木の幹にトカゲがいた。

これがシンガポールだった。

公園都市と呼ばれる街には、近代的なビル群と濃密な熱帯の自然が同居していた。

オーチャードロード。歩道を歩くと、ときどき木の実が頭に落ちてくる

東京という街に暮らし、アジアへは足繁く通っているが、滞在するのは大都市が多くなる。経済成長が著しいアジアは、そのエネルギーを吸収するかのように車が増え、大都市にはビルが林立する。排ガスが漂う路上の屋台で、アジアの熱気に包まれて、やはりアジアだ……などと呟《つぶや》きながら、ビールを飲んでいるのだが、短い日数でもシンガポールの樹木の間を流れる風に吹かれるとほっとするのだ。

「すごく金《かね》があったら、シンガポールに暮らしてみる……」

　そんな思いがふっと頭をもたげてくる。バックパッカー風の旅を書き続けてきたが、そう肩ひじを張らなくてもいいのではないか……という言葉が耳許で囁《ささや》いている。

それがシンガポールの一日目だった。

シンガポールほど、バックパッカーに嫌われている国はないかもしれない。物価はことさら高く、街は清潔で、どこからともなく漂ってくる管理されているにおいは、自由な旅を求めるバックパッカーとは折り合いが悪かった。ベンクーレンストリートからリトルインディアにかけての一帯が、安宿街として名を馳せていた頃もあったが、宿代は周辺のアジア諸国の三、四倍という高さだった。そこから聞こえてくるのは、

「この街には長居はできないね」

という嘆きばかりだった。

シンガポールのイミグレーションも、バックパッカーが売った喧嘩を買ったわけではないと思うが、煮染めたようなTシャツに大きなザックを背負った若者に冷淡だった。瞳の奥に、「あなたみたいな薄汚い旅行者が来るような国じゃありませんよ」という蔑みが宿っているように映った。いや、もち金が乏しいことへの不安がひねた視線をつくりあげたのか……。

はじめてシンガポールに行こうと思ったのは、三十数年前である。当時、すでに

シンガポールは所持金の少ない旅行者を追い返すという噂は広まっていて、本当にそうなのかとマレーシアからジョホール海峡を渡ったのだが、錦織圭のエア・ケイのようにみごとに打ち返されてしまった。日頃はぼんやりと生きているが、イミグレーションでの仕打ちは根にもつタイプなので、このできごとは鮮明に刷り込まれている。

三年後、僕はタイのバンコクでタイ語を勉強していた。ビザの更新時期になった。延長はタイ国内でもできたが、更新は海外のタイ大使館でしかできなかった。当時はシンガポールへ向かう人が多かった。そのときはかなり緊張した。下宿のおばさんに頼んでズボンにアイロンをかけてもらい、ジャケットを着、飛行機でシンガポールのチャンギ空港に着いた。かつて不法就労目的のために成田空港にやってきたアジア人のような馬子にも衣装だったのだ。足どりもずいぶんぎこちなかった気がする。

そんな僕をシンガポールはすんなりと入国させてくれた。所持金を質《ただ》されることもなかった。そして中心街にあるタイ大使館に向かった。これがはじめてのシンガポールだった。

長い年月が流れた。その間に、シンガポールを訪ねた回数は二、三十回になる気がする。シンガポールは、やはり飛行機便の要衝なのだ。しかし滞在日数は短かった。半日ということもあった。長くても二泊だった。やはりホテル代にはじまる物価が高く、のんびりすることはできなかった。

その間に何冊もの本を書いた。多くがアジアをフィールドにした貧乏旅行記だった。バックパッカー風の旅である。シンガポールはそのエリアには含まれなかった。何冊かの著作は、僕にひとつの肩書きを与えていく。それは〝バックパッカーの元祖〟というものだった。こうなると、ますますシンガポールを軽視しなくてはいけなくなっていった。

「シンガポール？　飛行機の乗り換えで一泊するぐらいですね。陸路で移動するときは、すぐにマレーシアのジョホールバルに抜けちゃいます。ホテル代が高いですから」

目の前にいるバックパッカーたちは、その言葉に安心するようだった。それでこそバックパッカーの元祖だ……と満足気に頷《うなず》くのである。シンガポールに悪いとも思わなかった。はじめて入国しようとしたとき、それを拒否した国である。そういうことは忘れない旅行者だった。やはり根にもつタイプらしい。

言葉というものは不思議なもので、何回となくシンガポールを蔑んでいると、その口ぶりがなじんでいくようなところがある。本音と本が与えるイメージも混濁していく。犯罪者にもそういう傾向があるのだという。ひとつの罪を犯しても、それは自分がやったのではないと何回となく自分にいい聞かせていくうちに、頭のなかでは犯罪が跡形もなく消えてしまうのだという。僕にとってのシンガポールはそんな存在だった。

その白濁した心理に風穴を開けるのは、年齢というものらしい。六十歳をすぎて、やっとそんな人生のカラクリがわかってきた。

夜に空港に着き、なんとか安い宿を探して泊まった翌朝、近くのホーカーズという屋台村やオープンテラスのカフェで朝食を頼む。するとしばしば、くちばしの黄色い鳥がちょんちょんとやってくる。近くの公園を根城にしているようだった。唐突に朝、シンガポールの自然と出くわすのだ。くちばしが黄色くなかったら、小形のカラスにも見えてしまう鳥だが、鳴き声が違う。澄んだ声なのだ。ちょんちょんと道端のゴミをつついているから、やっていることはカラスと大差はないのだが、もしこれがカラスなら、リー・クアンユーは一斉駆除したのかもしれない。南国の鳥を連想させる黄色のくちばしと、森を思いださせる鳴き声で救われた鳥でもある。

気になって調べたことがあった。オオハッカというムクドリの一種だった。シンガポールに暮らす日本人の間では南国鳥とも呼ばれているらしい。毎朝、一斉に鳴きはじめるので、どうしても早起きになるのだと聞いたこともある。

都市は自然と無縁というわけではない。コンクリートが土を覆っても、そのすき間に植物は根をおろす。電線の上をリスが走る。タイのバンコクの中心街のホテルに泊まると朝、鶏の鳴き声が聞こえてきたりする。しかしその自然はどこか遠慮がちである。

しかしシンガポールのオオハッカは我が物顔でテーブルにやってくる。この島の性格なのかもしれないが、そこにはビルの陰でこっそりと生きる自然とは異質なものがある。自然と共存するということなのだろうな……などと、甘いコーヒーを飲みながら考えてしまうのだ。やはりシンガポールは特別な国だった。七百十六平方キロという、東京二十三区とほぼ同じ広さの島国。開発独裁型の政治形態などにその答を求める人も多いが、この圧倒的な自然と都市の共存は心地よかった。

そういうことなのだ。正しい観光客目線で眺めれば、シンガポールは快適な国だった。

空港に着いてからの時間をぼんやりと思い返してみる。ほかのアジアの街に比べると、ほとんどなにも考えず市内までやってきた。目に入るものや人々の表情……

はそれなりに気にはなっているのだが、どこか緊張の糸が緩んでいる気がする。

たとえば上海の空港に着く。地下鉄に乗り、市内までやってきたという動きは同じなのだが、乗客から伝わってくるストレスが違う。上海の電車はいつも混んでいる。乗り換え駅では、どどーッと人が乗り込んでくるから、その圧力を押し返すように進まないとホームに降りることができない。

「次の駅で乗り換えか……。ドアの近くに立っていたほうがいいかもしれないな」

などと思考を働かせている。

たとえばバンコクの空港に深夜に着く。電車はすでに終わっているから、タクシーに乗らなくてはならない。発券機のボタンを押して、番号札を受けとり、その場所に行くと、運転手が車の横で待っている。急に笑顔をつくって、五百バーツでどう、などといってくる。

「だめ、だめ、ちゃんと運賃メーターを使わないと乗らないよ」

その言葉に表情を変える運転手もいる。

ベトナムのホーチミンシティーの空港に夜に着くと、きちんと運賃メーターを使ってくれるタクシーの争奪戦が待っている。

アジア各国の空港から市内への交通手段は、以前に比べればたいぶ整ってはきた。

しかし外国人旅行者から法外な運賃をせしめようとするタクシー運転手はしっかりと生きのびている。彼らと渡りあう旅行者は、空港を出る瞬間、注意力を高め、下腹に力を込めなくてはならない。僕にもその習慣は刷り込まれている。

しかしシンガポールではなにも考えていない。チャンギ空港は、エスカレーターに乗って階下のイミグレーションフロアに降りる構造になっている。ゆっくりとイミグレーションに進み、パスポートにスタンプを捺《お》してもらう。最近は緊張することもない。まるで日本の空港に降りたかのように空港を出る。シンガポールには、外国人をカモにする運転手などまずいない。遠まわりをする運転手はたまにいるらしいが、少なくとも、タクシーに乗るときに、「運賃メーターを使え」などという必要はない。だいたい、客待ちをするタクシーもほとんどない。民度がここまであがるということは大変なことなのだ。シンガポール、香港、台湾、韓国は、かつてアジア四小龍と呼ばれた。日本に次いで高度経済成長の軌道に乗ったエリアである。しかし台北の空港には、いまだに怪しげな客引きタクシー運転手がいる。

もっとも僕は深夜でなければ、地下鉄乗り場に向かう。そのときの心境は、日本に着いて電車に乗るときと同じである。自動券売機で切符を買い、自動改札を通って電車に乗り込む。すると三十分ほどでめざすエリアの最寄駅に着いてしまうのだ。

アジアの大都市の空港で地下鉄が乗り入れているところは少ない。専用の特急電車が走っている都市はいくつかあるが、地下鉄となると……シンガポールと上海ぐらいだろうか。しかし上海の地下鉄は市街まで一時間以上かかる。市街と空港の距離からすれば、特急電車を走らせてもいい。実際、時速が三百キロ以上も出るリニアモーターカーの上海磁浮列車も走っている。しかし上海という街は急速に膨らんでいて、普通なら特急電車を利用するエリアまで住宅や工場が建ち並び、地下鉄も走ることになってしまったのだろう。

シンガポールのチャンギ空港は、アジアの大都市のなかでは、最も市街に近い大空港のひとつだ。アジアの大都市の空港は、かつて都市の中心からそう遠くないところにあった。東京の羽田空港、ソウルの金浦《キンポ》空港、上海の虹橋《ホンチャオ》空港、香港の啓徳《カイタック》空港、台北の松山《ソンシャン》空港などだ。しかしそれらが手狭になり、広い土地を求めていった結果、かなり遠い場所に新空港をつくらなければならなくなった。チャンギ空港も、シンガポールでは市内といっていいパヤ・レバーにあった空港が手狭になり、一九八一年にいまの場所につくられている。しかし市街から十七キロほどしか離れていない。飛行機という輸送手段がここまで発達していくことを見越していたのか、シンガポールという島のなかではこの場所しかなかったのか……。いろいろな見解があるのだろうが、結果として市街に近い大空港になった。いまのチャンギ空港は、第一ターミナルから第三ターミナルがある。かつてはLCC専用のバジェットターミナルがあった。どこか郊外パチンコ店を思わせる外観だったが、それが閉鎖され、いま第四ターミナルをつくっている。シンガポールはこれからも、チャンギ空港を使っていくのだろう。

空港から地下鉄で三十分。歩く時間を加えても、一時間もかからずにホテルの部屋に入っている。やはり楽なのだ。

ホテルのフロントに立つまで、僕はひとことも言葉を発しないことが多い。慣れているということもあるのだが、切符を買い、駅で地下鉄を乗り換える動線がわかりやすい。地下鉄の路線がそれほど複雑ではないからかもしれない。東京やソウルの地下鉄は、路線が多すぎる。僕は東京に暮らしているが、しばしば乗り換え路線がわからなくなる。おそらく僕は、東京より迷わずにシンガポールの地下鉄を乗り継いでいる。

食事はだいたいホーカーズである。ホーカーズについては、追って詳しくお話しすることになるが、日本では屋台村やフードコートと呼ばれることが多い。規模はさまざまだが、一般的には二、三十個のテーブルの周りを固定式の屋台が囲んでい

チャンギ空港は広い。いまだにその全容をつかんでいない

以前、LCC専用のバジェットターミナルもあった。外観はパチンコ店？

る。ここが実に気楽である。ひとりやふたりで座ってもいいし、大人数でテーブルを囲んでもいい。注文はけっこうアバウトだ。店舗に出向いて注文してもいいし、テーブルの間を歩いている注文とりのおばちゃんやおじちゃんに伝えてもいい。セルフサービス式に自分でテーブルまで持っていってもいいし、店員が運んできてくれるところもある。支払いは一品ずつが基本のようにも思うが、ホーカーズによってはまとめて精算というところもある。つまりは、どんな方法にも対応してくれる懐の深さがある。

アジアには屋台村やフードコートは多いが、国によってルールが決まっている傾向がある。タイの場合は、はじめにクーポンを買って、各店舗で支払い、料理は自分で運ぶのが基本だ。香港は最後にまとめるスタイルが多いだろうか。ソウルは店ではなく、支払いカウンターを設けている。そこで料金を払うと番号札をくれる。店の上に電光掲示板があり、そこに番号が出たらとりにいく。屋台村やフードコートに入ったら、まず人の動きを観察し、その国の流儀を理解しなくてはならない。

しかしシンガポールのホーカーズではその流儀が定まっていない。どういう方法でも受け入れてくれる。

「ちゃんと代金を受けとっているのだろうか……」

チャイナタウンの道にもテーブルが並ぶ。これもホーカーズ？

不安になる人もいるかもしれないが、相手は名うての華人である。頭のなかには、支払った客とまだ金を受けとっていない客がしっかりとインプットされている。任せておけばいいのだ。

日本人にとっては注文するときのハードルは低い。華人が七五パーセントという国で、公用語は英語、中国語、マレー語、タミル語である。しかしホーカーズの世界では英語と中国語が幅を利かせている。メニューには中国語と英語が併記されていることが多い。最近は写真も載せているホーカーズが増えている。海南鶏飯にはChiken Rice、魚肉団子麺にはFishball Noodlesと記されている。華人、マレー人、インド人という、英語圏の外側に暮らす人々が集まり、英語を公用語のひとつにしている国である。そこで生まれるのは気遣いの英語で、しゃれた表現はないが、ただひたすらわかりやすいシンプル英語に走る。誰でもわかるような英語である。そこに漢字表記が加わる。その文字も中国で使われている簡体字ではなく繁体字だ。日本人には違和感がない。英語のわからない部分は漢字で補うことができるのだ。なにか日本人向けという気がしないでもない。もっともそれは、シンガポールという国の成り立ちにかかわる結果なのだが。

シンガポールのホーカーズで、注文に困ったという記憶が思い起こせない。とい

パヤ・レバー駅に近いホーカーズ。イスラム教徒向け屋台が並ぶ

うよりなにも引っかかりがないといった感覚だろうか。日本と同じなのだ。それは僕がホーカーズのテーブルに座ることが多いからなのだろう。シンガポールの高級店に入れば、メニューには、長い英語の説明やなかなか想像ができない漢字が並ぶのかもしれないが、ホーカーズに出入りしているかぎり、そんな戸惑いもない。

「楽だよな……」

ホーカーズのテーブルで、大蝦麺《ダーシアミエン》を啜《すす》りながら呟くことになる。英語でPrawn Noodlesと書いてあった。麺の上にクルマエビが載った写真が添えられていた。

ホーカーズの屋台のなかには、マレ

スーパーツリー・グローブ。奥にマリーナベイサンズ。最近のシンガポールの定番風景はマーライオンを超えた？

ー料理を専門にする店も少なくない。店によっては、漢字がなく、英語かと思ってアルファベットを読みはじめると、それがマレー語だったりする。パヤ・レバー駅の南側にある大きなマーケットの二階にあるホーカーズに入ったことがある。そこはマレー人やインドネシア人ご用達といった雰囲気で、店に掲げてあるメニューには漢字が少なかった。ラクサに叻沙などという漢字をあてられると、想像力の糸がプツンと切れ、突然、違う国に迷い込んだような気分になる。ラクサというのは、ココナツミルクベースのスープ麺である。日本人にとって気楽な料理は、ホーカーズの中華系メニューということだろうか。

旅行者へのストレスのない街——。そこにいるとやはり心の余裕が出てくる。夜、ホーカーズでビールを飲んでいると、いつも、加藤和彦の「シンガプーラ」という曲を思いだす。

〽熱い風　かき回す　羽ひろげる扇風機／西、東、血が混じる／(中略)／人生を忘れそう　このアジアの片すみで……

そんな気分になるのだ。

夜、マリーナベイサンズという、地上二百メートルにある屋上プールが有名なリゾートホテルの前の公園に出かけた。ここにスーパーツリー・グローブという人工

独立50年のシンガポール国旗。団地によっては国旗で外観が埋まる

のツリーがある。高さが五十メートルもあるのだという。入場は無料だった。人工の木の周囲には草が植えられていた。

「この草がやがて繁茂して、一本の木のようになるってわけですか」

「たぶん」

阿部稔哉カメラマンと人工の木を見あげる。あたりは暗くなっていった。七時台と八時台に光と音楽のショーがあるという話だった。それも無料だという。

やがて人工の木に埋め込まれたライトが点滅し、音楽が流れはじめた。英語、中国語、マレー語、タミル語の歌が順に流れはじめる。二〇一五年はシンガポールが独立してから五十年にあたる。街には、「SG50」というポスターや幟《のぼり》がそこかしこに立てられている。団地やマンションのベランダに、シンガポールの国旗を掲げる人々も多い。流れる曲も、独立記念にちなんだもののようだった。海からの風が心地いい。僕は広場のコンクリートの上に寝転び、点滅する木々を眺める。マリーナベイサンズの部屋の灯も増えていく。周囲で見あげるのは、欧米からの家族連れや日本からやってきた女性たち、そして中国人団体客だ。

まるで観光客のようだ……。

夜空を見あげながら、そんなことを呟いていた。シンガポールというのは観光客然とした旅を強いているようなところがある。それが意図したものなのか、結果なのか。そのレールに乗ってしまえば、こんな快適な国はなかった。

しかしいつも思うのだ。シンガポールではそのスタイルの旅が続かない。二日目の朝から、それが居心地の悪さへと、少しずつ姿を変えていってしまうのだった。

チャンギ空港は優しかった

いまだにユナイテッド航空のマイルを貯めている。きっかけは成田とバンコクを結ぶユナイテッド航空が、運賃も安く、マイルもしっかりと貯まったからだ。しかし搭乗率が悪かったのか、二〇一四年、ユナイテッド航空は就航をやめてしまった。

成田空港を離発着するユナイテッド航空のアジア路線は、二〇一五年十一月現在、ソウル線とシンガポール線しか残っていない。

ユナイテッド航空で、成田とシンガポールを往復したのは、二〇一五年の六月だった。最終的にはバンコクに行かなくてはならなかった。幸いなことに、シンガポールとバンコクの間には、片道五千円ほどのＬＣＣが一日何便も飛んでいた。

成田とシンガポールを結ぶユナイテッド航空も、往復で四万円台後半と比較的安かった。日本とバンコクを結ぶＬＣＣより、五千円ほど高いだけだった。折り合いがつく運賃だったが、問題はその運航時間だった。

成田空港を出発したユナイテッド航空がシンガポールに到着するのは、午前零時を少しまわる頃だった。この時間帯に、接続するバンコク行きの便はなく、早朝のLCCを利用することになる。その便は六時台。チェックインが午前四時台にはじまったとしても、それまで約四時間、チャンギ空港ですごさなくてはならなかった。つらい夜明かしである。

六月にこのフライトを体験したが、けっこうきつかった。いったんシンガポールに入国し、寝場所を探した。チャンギ空港は二十四時間空港なので追いだされることはない。飛行機を待つ乗客はかなりいたが、ベンチは多くなかった。やっとみつけたベンチは、ひとり分の椅子が独立していて、尻の形に湾曲していた。こういうベンチは、体を横たえても、背中に突起があたって寝づらいのだ。ターミナルの外に出ることも考えたが、外はかなり暑い。やっとみつけたのは、出発フロアの植え込みにあった仕切りの上だった。ここなら体を横たえることができた。しかし幅が狭く、寝返りなど打てない。熟睡はできなかった。

そして二〇一五年の九月、再びユナイテッド航空に乗ることになった。今回はどこで寝ようか……。そんなことを考えているとき、LCCの会社からメールが届いた。六時台のフライトはキャンセルになり、八時十分の出発になるという連絡だった。

シンガポールの空港で八時間……。六月の経験が頭をもたげてくる。空港内に乗り継ぎ客が利用できるホテルがある。そこに泊まったほうがいいのだろうか。もう六十一歳なのである。探してみると、チャンギ空港には、いくつかの仮眠室があった。しかし一泊五十シンガポールドルもする。四千三百円である。片道五千円のLCCを選んでいる身には、なかなか決断できなかった。チャンギ空港の構造を思い起こす。

そうか……。チャンギ空港は到着フロアと搭乗フロアが同じだった。ぼーッとしていたので、六月に乗り換えたときは、乗客の流れに沿って入国してしまった。思い返すと、到着してイミグレーションに向かう通路にはいくつものベンチがあった。そこに体を横たえて寝ている欧米人もいた。そこで眠ればいい。

通常、到着フロアにベンチや椅子はない。皆、足早にイミグレーションに向かってしまうからだ。しかしチャンギ空港は、そこに搭乗口もある。飛行機に乗る前は、出発までベンチや椅子に座って待つ。僕は入国してしまったからいけなかったのだ。チェックインがはじまるまで、イミグレーションの手前にいて、時間がきたら入国し、チェックインをすませればよかったのだ。

チャンギ空港内は全面にじゅうたんが敷かれている。すごいことだ

これはいい……。僕はイミグレーションの手前通路にあるベンチに寝ころびながら、ひとり呟いていた。近くには同じようにして寝る客が何人もいた。チャンギ空港は楽な空港だった。利用者に優しい空港としてはトップクラスに入るのではないか。広い空港だから、意味のないスペースがかなりある。ただの空間にしておくのが気になったのか、そこにもベンチや椅子がいくつも置かれている。寝る場所はあらゆるところにあった。

しかし欠点もある。到着フロアと出発フロアが同じということは、午前三時、四時といった時刻に出発する飛行機に乗る客もやってくることになる。

二時間ほど寝ただろうか。周囲のざわめきで目を覚ましてしまった。新しい寝場所を探して、空港内を歩きまわった。僕がいたのは第三ターミナルだった。ふと見ると、航空会社のラウンジがある上階へのぼるエスカレーターがあった。のぼってみることにした。左手にはラウンジがあったが、正面通路の先に寝ている男たちの姿が見えた。進んでみた。災害時の避難所のような光景が広がった。じゅうたんが敷かれ、そこにインド系の男たちが水揚げされたマグロのように、そう、二十人ほどが寝ていた。空港で働く男たちのようだった。隅で体を横たえる男と目が合った。

「ここは寝てもいい？」

「問題ないよ。俺の仕事は午前二時まで。ここで少し寝て、始発のバスで家に帰る。毎日、寝てるから大丈夫だ」

バッグを枕にして体を横にした。

天国だった。

ホテルの部屋よりよく眠れた気がする。朝の六時まで熟睡し、この空港は優しい空港だと呟いていた。

第二章

シンガポール

二日目

八十六円以下の攻防

二日目の朝、ホテルに近いホーカーズに座る。南国の風に吹かれながら、コンデンスミルクが入ったコーヒーを啜《すす》る。よく焼いたトーストにカヤジャムを塗ったカヤトーストをかじる。カヤジャムは、ココナツミルクと卵にニオイタコノキで香りをつけたものと説明されている。ニオイタコノキというものを見たこともないので、いまひとつぴんとこないのだが、くせになる味である。かなり甘いが。

「これで二・三ドルか」

一シンガポールドルは約八十六円だから、百九十八円。ホーカーズだから、この値段ですんでいるが、ちょっといい店に入れば五百円……いや、千円。

最近、アジアに出向くと、その物価の高さにしりごみすることが多い。日本に比べれば、まだ物価は安いのだが、円が強く、アジア諸国が高度成長の波に乗る前に、その物価感覚を刷り込まれた僕のような人間には、とんでもなく高く映るのだ。

最も多く訪ねるタイもそうである。昼どき、屋台でガッパオムーサップを頼む。豚のひき肉のバジル炒めをご飯の上に載せる定番料理だ。値段を訊くと四十バーツ

カヤトーストと昔ながらのコーヒー。
ホーカーズの定番朝食

だという。以前は三十バーツだったんだよな……などと溜息をついていると、屋台のおばちゃんがたたみかけるように口を開く。

「卵は載せる？」

「載せるといくらなの？」

「五十バーツ」

「や、やめときます」

と答えている自分がいる。五十バーツというのは、日本円で二百円ほどで、日本よりははるかに安い食事代なのだが、タイでは昼の定食は百円はしないというイメージがあるから、つい節約に走ることになる。

そういったアジアの物価高の最高峰に君臨するのがシンガポールなのだ。これは多くの日本人が知っている。シンガポールと聞くと、「あそこは物価が高いから」という反応が返ってくることが多い。

たしかに高い。

しかしそのすき間をついていけば、日本より安くなることも知っていた。そのすき間——。まずはホテルだった。

ホーカーズで朝食を食べながら迷っていた。ホテルを出ようとしたとき、フロントから声をかけられたのだ。

「今日はどうします？」

「まだ決めてないけど」

「木曜日だから週末料金になって二十ドルあがりますけど」

「二十ドル？」

日本円で千七百二十円も高くなるのだ。

「また、探すしかないか」

阿部カメラマンに声をかけた。

ゲイランというエリアの一画にいた。安いホテルが多いエリアだった。僕らはある条件を決めて部屋を探したのだが、なかなかみつからなかった。このエリアは売春エリアのため、キングサイズのベッドを置く部屋が多く、ひと部屋にベッドがふたつというツインの部屋が少ないことも、空き部屋がない理由のひとつだった。

十軒ほどのホテルをまわっただろうか。この一帯はホテル密集地で、十軒といっても、そう長い距離を歩いたわけではなかったが、昼間の気温は常に三十度を超える街だから、それなりに疲れるホテル探しだった。みつかったのは、『ＨＯＴＥＬ81』というチェーンホテルだった。

二〇〇一年にこのチェーンホテルに泊まったことがあった。場所はやはりゲイランだった。チェーンホテルといっても、ゲイランに三軒ほどあるだけだったが、その後、このホテルは爆発的にその軒数を増やしていった。街を歩いていくと、「あ、ここにも」といった感じでみつかる。以前はゲイランにある安ホテルのイメージだったが、最近は中心街にも進出し、そこそこの値段をとるホテルになっていた。しかしゲイランにあるＨＯＴＥＬ81は、いまだ安ホテルの位置をキープしていて、ホテル検索サイトの画面を、安い順に並べ替えると、必ずはじめのほうに出てくる宿だった。

みつけたツインの部屋は、一泊六十五ドルだった。日本円にすると六千円近い。そこが週末になるとさらに二十ドルアップする。八千円に近づいてしまうのだ。

安ホテルが一泊八千円――。シンガポールのホテル代の高さが堪えた。ゲイランでホテルを探していたとき、ある条件を決めていた。それは窓だった。

ここ一年ほどの間に、僕はシンガポールに三回泊まった。それぞれ一泊だった。ホテル代は七千円から一万円といったところだったが、そのすべてに窓がなかった。リトルインディア、地下鉄のラベンダー駅近く、そして地下鉄のファーラーパーク駅から歩いて十分ほどのホテル……その三軒とも、窓がなかった。

これまでさまざまなホテルに泊まり歩いてきたから、窓がないぐらいで動揺はしない。部屋に入ってみると床にむしろが敷いてあるだけのバングラデシュのホテル、真冬だというのに窓ガラスが割れていたロンドンのB&B、舞う雪のように蚊が飛び交っていたタイの田舎宿……それに比べれば、きちんとした部屋である。ただ窓がないだけだ。

シンガポールに限らず、窓のない部屋は少なからずある。台湾、上海、香港、カンボジアのシェムリアップ、マレーシアのマラッカ……華人が多い街の傾向のようにも思う。設計士が部屋の配置を図面に落とすシーンを想像してみる。多くの国の設計士は、ホテルの部屋に窓があることは常識だろうから、階段の位置とか、エレベーターの場所をパソコンのモニター上で動かしながら工夫していく。妙な形の敷

HOTEL81は、シンガポールの
安ホテルの代名詞だ

地なら、その作業は悪戦苦闘に変わる。しかし華人の設計士の頭のなかは、

「部屋に窓がなくても問題ないでしょ」

という意識がある。ホテルのオーナーもさして気にしないから、すいすいと線を引くことができる気がする。効率的に使うという意味でもメリットは大きい。

しかしほとんどの日本人は、「ホテルの部屋には窓があるもの」という常識のなかにいるから、

「驚きました。部屋に窓がないんです。外の明るさがわからないし、火災などのとき大丈夫かと不安で……」

などとホテル検索サイトにコメントを書き込むことになる。

僕はそういう部屋の存在を知っているから、驚くことはないが、部屋に入って窓がないと、気分は落ち込む。部屋は広くても、圧迫感が漂っている。それが一泊二千円ほどの宿なら、「安いからしかたないか」と自分をまるめ込むのだが、シンガポールのホテル代の高さが、その心理を揺らす。

「八千円のホテルで窓がないのか……」

と文句のひとつもいいたくなるのだ。一泊五万円も出せば、窓どころか、ベランダまであるホテルが、シンガポールには山ほどあることも知っている。しかしそん

な金は出せないわけで、財布の薄さに鼻白むことになる。

安ホテルでも窓にこだわる——。

それはシンガポールの宿探しで、自分に課したミッションのようなものだった。まずネットをつないだ。宿の予約をすることが性に合わない。決められた日に、その街に着くことができるかどうかわからない旅が多いという事情もあるが、予約を入れてしまうと、そこに行かなくてはならないということが面倒なのだ。しかしシンガポールは事情が違った。ネットを通して予約したほうが安いのだ。

ある調査によると、シンガポールのインターネットの普及率は、二〇一四年時点で八二パーセントに達している。日本は九〇・五八パーセントだ。こういう国は、ホテル検索サイト間の競争が激しく、ネット予約のほうが安くなる傾向があった。

リトルインディアのホテルに泊まったときもそうだった。一泊一万円ほどの値段に、「もう少し安い部屋は？」とフロントで訊くと、ネットで予約すれば安くなるといわれた。割引額は五ドルぐらいだった記憶がある。ホテルのフロントでパスワードを教えてもらい、Ｗｉ-Ｆｉにつないでその部屋を予約しようとしたが、なかなかうまくいかない。結局、ホテルのスタッフが、ホテルのパソコンを通して僕らの予約を入れてくれ、四百円ほど安くなった。これをサービスがいいのかというと少し悩むところだが、とにかくシンガポールのホテルはそんな状況だった。こうして入った部屋も、窓がなかったのだが。

エクスペディア、ブッキングドットコム、アゴダなどの代表的なサイトで検索してみた。絞り込みをクリックしたが、そこには「窓」という項目はなかった。安い価格順に見ていく。ＨＯＴＥＬ81が次々に出てくる。部屋の写真を見るのだが、どれも窓があるらしいところにはカーテンが閉まっていた。これは信用できなかった。窓のない部屋というのは、ホテル側も一応気にしているらしい。台北で泊まった宿は、カーテンを開けると、そこにあるのはただの壁だった。上海の宿は、壁に窓の絵を掲げてあった。そこに描かれた風景は、ヨーロッパらしきところのチューリップ畑で、上海の街並みとはまったく無縁だった。

たまに「窓なし」「窓あり」という表記があったが、それは数えるほどだった。すべてではないが、口コミも見てみた。「窓がなかった」という内容もあった。しかし一軒のホテルのなかに、窓なし部屋と窓あり部屋があるわけだから参考にはならなかった。

そこで思いついたのは、チャンギ空港のホテル案内所だった。一時期、このカウンターを利用していた。ガイドブックやサイトには紹介されていない安いホテルを

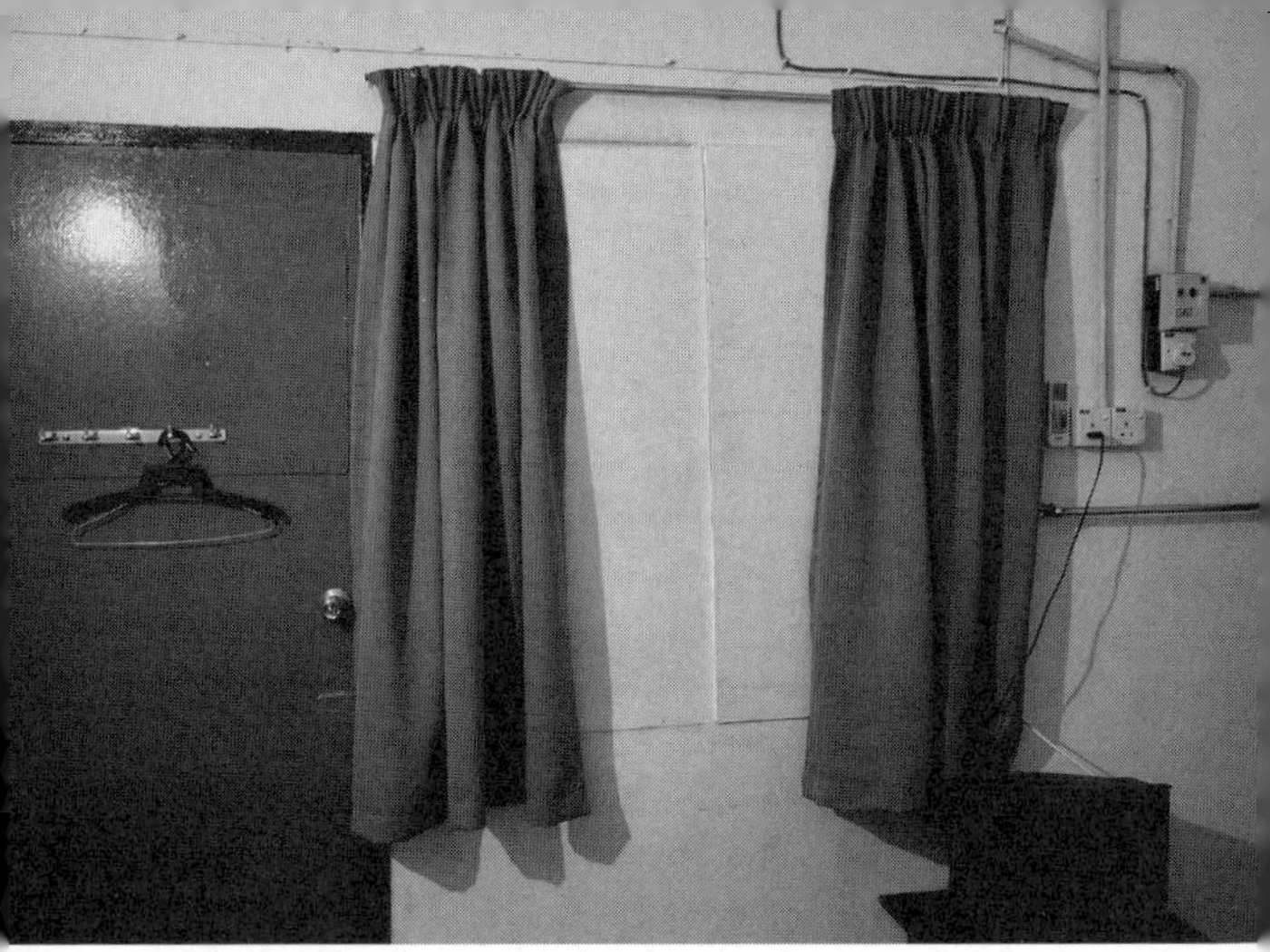
「騙し窓ホテル」。カーテンを開けても壁。ムッときます（マレーシア）

案内してくれたからだ。いつもスカーフをかぶったマレー系のおばちゃんがいた。一回、「こういうホテルでもいいか」といって予約をとってくれたのは、ホテルで働く若者たちのトレーニング用の施設だった。最寄り駅は地下鉄のサマセット駅だった。この駅はオーチャードロードに沿った中心街で、周囲には高級ホテルが並ぶ一帯だった。僕にはあまり縁のないエリアでもあった。

ホテル代は三千円ほどだった記憶がある。朝食もついているという。安いホテルならなんでも受け入れるタイプだから、そこが研修用ホテルであっても、なんの問題もなかった。

ホテルは地下鉄の駅から歩いて五分ほどのところにあった。緩い坂道の途中にある洋館だった。本来のホテルとして使えば、レトロな雰囲気に人気が集まりそうだった。部屋はもちろん窓があった。木製の観音開きのスタイルだった。部屋も広かった。スタッフは、なにしろ研修中だからよく動く。朝食もしっかりとしていた。パンに卵、ベーコンにサラダ、コーヒー。体の動きはぎこちないが、対応には誠意が溢れている。いまのシンガポールでいったら、三、四万円のホテルに相当する気がする。これで三千円というのは、かなり得だった。

残念ながら、この研修ホテルはなくなってしまったが、また別の掘りだしホテルを、マレー系のおばちゃんは、こっそり教えてくれるかもしれない……という期待はあった。いや、そんなホテルはなくても、「あそこは全部屋に窓がある」といった情報や、窓のある部屋を電話で確認してくれる可能性もあった。

しかしマレー系のおばちゃんはいなかった。代わってそこに座っていたのは、同じマレー系だが、もう少し年の若い女性だった。システムも変わっていた。その女性がカウンターのなかでパソコンを叩き、その結果がカウンターに置かれたモニターに映しだされる。

「予算は？」

チャンギ空港のホテル案内所はこうなってしまった。ネット予約と大差はない

「三十ドルから四十ドル」

女性が画面をスクロールさせる。それが僕にも見えるから、一緒に探すようなものである。四十四ドルがあった。HOTEL81だった。場所はゲイラン。

「安いけど、ここは売春街よ」

「窓のある安ホテルを探してるんですけど」

「窓……」

「ホテルに問い合わせることはできるんですか」

「それはできなくなったんです。皆、インターネットで予約しちゃうから、もうそういうシステムは終わったんですよ」

この案内所もインターネットの波に

呑み込まれているようだった。四十四ドルというホテル代は、四千円弱。ホテル検索サイトで見た値段と同じか、やや高い程度だろうか。

もう一軒のホテル案内にも訊いてみた。

「すいません。うちで紹介できるのは、最低でも八十ドルなんです」

「そ、そうですか」

チャンギ空港のホテル案内所にも振られてしまった。窓のあるホテル……。実際にホテルを訪ねるしか方法はなかった。

ゲイランでホテル探しがはじまった。あれは何軒目だっただろうか。『台北』というホテルのフロント前に立っていた。おじさんがひとり座っていた。

「窓のある部屋？」

おじさんの視線が宙を舞う。頭のなかで、部屋の間取りを思い描いているようだった。これまで訊かれたこともないようだった。シンガポールの安ホテルの世界では関心のないことなのだ。

こうしてみつかった部屋は、ＨＯＴＥＬ81の一室だった。しかしそこも週末になり、二十ドル高くなる。追いだされるようにホテルを出、七十五ドルの『ゴールデンスターホテル』に入った。通常はもっと安いのだが、ここも週末料金になってい

ゴールデンスターホテル。全
室窓付きの貴重な安ホテル

た。建物は古かったが、全室に窓があるつくりだった。ネットで検索してみると、主だったホテル検索サイトではどこも引っかかってこないホテルだった。

「そういうことかもな」

阿部カメラマンと互いに顔を見合わす。ゲイランでも、HOTEL81やFRAGRANCEというチェーンホテルが幅を利かせていた。六十ドルから九十ドル、日本円にして五千円台から七千円台という、シンガポールでは安ホテルの類である。シンガポールのホテル代の高さが生んだようなチェーンホテルだが、宿代を低くする分、窓なし部屋も当然のようにつくられてしまう。その流れが生まれる前からある古いホテル……。そこはネット予約の蚊帳《かや》の外に置かれているが、部屋はすべて窓があるつくりだった。

シンガポールの宿の高さのなかで、大部屋に二段ベッドを置いたドミトリータイプのゲストハウスも増えていた。そこは一泊二千円ほどで泊まることができたが、ベッドひとつである。カメラマンとふたりで四千円……。シンガポールでは、ドミトリーで我慢しなくてはいけないのかもしれない。東南アジアでホテルに泊まる料金をあてはめると、シンガポールではドミトリーになってしまうのだ。十個ほどのベッドが並んだ部屋には窓があるだろうか。……いや、そういうことではなかった。

HOTEL81の窓のある部屋。ここに辿り着くまで汗をかなりかいた

しかし窓は開かなかった。シンガポールのルールだとフロントでいわれた

しかし一泊七千円近いホテル代は堪えた。これは節約しなくてはならない。旅先での費用といったら、宿代、食事代、交通費、買い物代が主だったところだろうか。土産物など買い物には縁のない旅行者だから、残るのは宿と食事と交通費になる。そのなかで宿代が重い。残りをなんとか切りつめなければならなかった。

まず交通費を考え直すことにした。これまでシンガポールに滞在し、最も多く乗ったのが地下鉄だった。正式にはMRTという電車だった。空港に着き、そこから乗ることが多かった。

その窓口でしばらく悩んだ。どんな切符を買ったらいいのか……と腕を組んでしまった。シンガポールの地下鉄には三種類のチケットがあった。ひとつがスタンダードチケットという一般切符、もうひとつがツーリストパスという乗り放題切符だった。一日券、二日券、三日券があった。一日券が二十ドル、二日券が二十六ドル、三日券が三十ドルだった。そして三番目がez-linkカードだった。これは日本の首都圏で使われているSuicaのようなカードだった。

最初にez-linkカードを買おうかと思った。地下鉄からバスに乗ると割引になると聞いたからだ。しかし発券には五ドルの保証金が必要で、それは返却されないと窓口でいわれた。五ドルは大きかった。四百三十円である。その時点で脱落していった。

次いでツーリストパスを考えた。二十ドルの一日券には、十ドルの保証金が含まれていて、これは戻ってくる。実質十ドルである。地下鉄を市内で乗ると、一ドルから二ドルといったところだ。まあ日本並み運賃と思っていい。仮に二ドルとすると、五回以上乗らないと元がとれない。はたして一日に五回も乗るだろうか。再び腕を組んで考えてしまう。

シンガポールには金もち旅行者が集まってくる。住んでいる人も、安い税率に惹かれてやってきた大金もちが多い。二、三十億円もする家に住み、赤いフェラーリに乗っていたりする。しかしそこを走る地下鉄の運賃形態はけっこうせこいのだ。一日に三、四回は乗りそうな旅行者の足許を見て、二十ドルというツーリストパスを売っていた。

結局、スタンダードチケットを買うことにした。

ゲイランの最寄駅であるカランから市街地までの運賃を自動券売機で調べると一・七ドルだった。そして前日、空港からゲイランまで乗ったチケットを券売機に載せて運賃を見た。一・六ドル……。

「おーッ」

思わず声が出てしまった。〇・一ドル安くなったのだ。〇・一ドル、十セントである。日本円にすると八・六円。十セントを笑う者は、十セントに泣く……という諺はいまのシンガポールにはないような気がするが、少しでも節約したい僕らには八・六円は大きかった。

前日、空港から地下鉄に乗った。そのときはいろいろ考えずにスタンダードチケットを買った。受けとったチケットには見慣れない表記があった。一回目の乗車で「十セントの保証金」、三回目の乗車で「十セント返却」、六回目の乗車で「十セント割引」。以前は一回限りの使い捨てチケットだったのだが……。しかし表記の意味がよくわからなかった。

「このチケットで三回乗ると、券売機から十セントがポロンと出てくるわけ？」

「……」

「そして六回目にも十セントが出てくるんだろうか」

「八・六円なんですけど……」

阿部カメラマンは水をかけるようなことをいう。しかし十セントを笑う者は、十セントに泣くのである。ところがいま、二回目の乗車ですでに十セント安くなった。

「これってなにかの間違いで、お宝のような割引チケットなのかもしれない」

地下鉄の地上駅のホームには巨大扇風機。その風に南国を実感する

シンガポールの節約旅は、地下鉄のチケットを買うときからはじまる

「八・六円安いだけなんだけどね……」

券売機の前で腕を組む。スタンダードチケットは、はじめて買うとき、常に十セントの保証金をとる仕組みになっているのかもしれなかった。調べた運賃は、それが加算されていたから、前日から使っているチケットは保証金が引かれて十セント安くなっていた……。

「ということは、三回目に乗ると、十セントがポロンと戻ってくる」

「八・六円なんですけど」

節約ということは、十セントにこだわることなのだ。

しかし三回目――。十セント硬貨が戻ってくることはなかった。一瞬、シンガポールの地下鉄に騙されたような気になった。しかしここはシンガポールなのだ。気をとり直し、チケットを券売機に載せて運賃を見た。

「おーッ」

二十セント、通常の運賃より安かった。保証金分が引かれ、さらに十セント差し引かれた。なんだか二十セント、つまり一七・二円得したような気分になる。

その日は、シンガポール在住の日本人と会った。地下鉄運賃の話をすると、鼻であしらうような面もちでこういわれたのだった。

「下川さん、甘いです。地下鉄は高いんです。シンガポールは金もちの国のようにいわれますけど、それはITや株で大儲けして移り住んだ人の話。ここで雇われて働いている私たちの生活、それはもう苦しいんです。この物価だというのに、給料は三千ドルから四千ドルぐらい。日本円で二十万円台から三十万円台の人が多いんです。この金額じゃ、ひとりでアパートを借りられません。皆、何人かで借りてシェアしてるんですよ。東京より給料が高いっていうけど、東京の人はひとりでアパートに住めるでしょ。だから、私は地下鉄はまず乗りませんね。バスです。これがいちばん安い。地下鉄が一・五ドルだったらバスは一ドルってとこ。五十セントは大きいです。四十五円ほどっていうけど、これを節約しないと、シンガポールでは暮らせません」

「バス？」

「そう、バス」

これまで何回かバスには乗っていた。そのほとんどが、地下鉄路線のない区間だった。

シンガポールのバスはお釣りが出ない。目的地までの運賃もわからないから、乗車時に訊くのだが、その金額が十セント単位になる。ぴったりの金額にするには、多めの十セント硬貨をじゃらじゃらと財布のなかに入れておかなくてはならなかった。車内でのバス停案内もなかった。知った土地や終点ならいいが、降りる場所もわかりにくい。敬遠ぎみだったのだが、安いと聞くと目の色が変わる。

「でも、バスは難しいんです。行きと帰りでは、ほとんどのバスのルートが変わるんです」

シンガポールお得意の一方通行だった。その結果、往路と復路でルートが変わってしまうのだ。交通渋滞を解消するために、世界の大都市はさまざまなアイデアをとり入れている。大通りを一方通行にしてしまう手法はシンガポール方式と呼ばれている。一時期、アジアの都市はこの方式を採用することが多かった。

シンガポールはアジアのリーダー的な存在でもある。開発独裁型の行政が鼻についても、渋滞のないきれいな道路を目のあたりにすると黙るしかない。東南アジアの国々は、日本よりもシンガポールを踏襲する傾向が強い気がする。ともに別格の国に映るが、ユーラシア大陸の東側にある島国よりも、マレー半島の先にある島国に親近感を覚えるらしい。

いまにはじまったことではない。現在のタイの王室は、一七八二年にラーマ一世がうちたてた。一八五一年から一八六八年まで続いたラーマ四世時代、シンガポールを真似た家々を建てている。タイの王室は、チュラロンコン王と呼ばれるラーマ五世が改革にのりだすまで、ブンナーク家によって権力の中枢は握られていた。ブンナーク家はアラビア半島をルーツにもつ一族だった。日本でいったら、平安時代の藤原家のような存在だったのだろうか。

ブンナーク家のスリヤウォンは、バンコクの街づくりを進めるなかでシンガポールに出向いている。街並みのテキストをシンガポールのプラナカン建築に求めたのだ。一階を店舗にし、二階を住居にするショップハウスの形式だ。バンコクの王宮、ワット・プラケオの入口から、通りを挟んだ家並みを眺めると、タウンハウスが並んでいる。これはシンガポールを真似たものなのだ。

バンコクはシンガポールの一方通行方式もとり入れた。大通りを一方通行にし、小さな通りを双方向にするやり方だ。日本とは逆の発想である。中心街の大通り、スクムビット通りを、完全な一方通行にしたのだ。しかしこの方法は長く続かなかった。タイの道は、大通りと、そこから延びるソイと呼ばれる路地で構成されている。ソイから出る車は大まわりを強いられ、不満が噴出してしまったのだ。しかしシンガポールへの羨望を捨てられなかったのか、一方通行を残しつつ、一車線だけ逆に走ることができるようにした。アジアらしい折衷案だったのだが、それによってさらなる渋滞が生まれるという顚末。路上はカオスと化してしまった。タイらしい話ともいえなくもないが、バス路線に限れば、往路と復路は同じ道を走ることになった。

しかしシンガポールは、大通り一方通行方式を貫いている。バス路線に限れば、わかりにくい構造だった。

「だから皆、スマホにアプリを入れているんですよ。私はgothere。ほら、これ。無料だから、下川さんも入れたら」

知人はスマホの画面をタッチした。いまいる場所と目的地を入力すると、バス番号や運賃、バス停の場所が表示される。バスがやってくる時刻もわかる。

シンガポールのバスは、SBSトランジット社のバスが多い。路線によっては、SMRTコーポレーション社のバスも見る。この二社でほぼカバーしているという話だ。小さな島国国家だから、この種のアプリが充実するのだろう。

日本にも同じようなアプリがあるのだろうが、僕のスマホには入っていない。全国のバスを検索できるアプリは有料だと聞いた。いや、それ以前に面倒なのだ。電車に比べてバスのほうが安いなら重い腰もあがるのだろうが、便利なだけでは触手が伸びない。バス停で一時間待つことは苦にならない性格のもち主である。

しかし安くなると聞くと目の色が変わる。やはりインストールだろう。シンガポールで出費をできるだけ抑える……。そのためにはアプリを使いこなさなくてはならない。そういう国だった。

gothereというアプリは、簡単に僕のスマホに収まった。翌朝、ジョー・チアット・ロードに行こうと思っていた。さっそくアプリを開く。泊まっていたホテルから地下鉄駅へは歩くと十分ほどかかる。しかし、ホテルから歩いて二分のバス停が表示され、バス番号と時刻と運賃が表示された。たしかに便利だった。

スマホ片手にバスに乗り込む。ジョー・チアット・ロードと運転手に伝えて、運賃を入れて座席についた。スマホを見ると、バス停のところに丸いマークがついていた。発車すると、そのマークが道に沿って動きはじめた。

こうなっているのか……。GPSと連動し、現在地を示してくれる。次々にバス停に停まっていくが、その位置が正確にわかる。これなら大丈夫だった。車内案内がなくても、間違いなく目的地に着く。ジョー・チアット・ロードのバス停が地図上に現れ、僕は降車を知らせるボタンを押した。

それからシンガポールでの僕の足はバスになった。地下鉄に比べると四十セントから五十セントは安く、歩く距離も短くなった。

その夜、リトルインディアからホテルのあるゲイランに帰ろうとしていた。地下鉄で帰ろうとすると、二回も乗り換えなくてはならない。当然、バスである。アプリを開く。一本のバスがすぐにみつかり、運賃は〇・八六ドルだった。

シンガポールに行ったことがある人なら、ここである疑問が生まれるはずである。〇・八六ドルの〇・〇六ドル、つまり六セントをどうやって払ったのか……と。シンガポールでは一セント硬貨はほぼ流通していないのだ。目にすることはまずない。シンガポールっ子の多くは、ｅｚ‐ｌｉｎｋなどのカードを使っている。日本のＳｕｉｃａと同じように、バス乗車口にあるリーダーにかざせばいい。しかし僕はそのカードをもっていない。

ここからは、やや活字を小さくしてほしい世界に入るのだが、何回かバスに乗って、ひとつの事実に気づいていた。硬貨を投入する機械は、その金額を数えるようになっていない。そして運転手は、投入された金額を確認することはない。

ここで僕のような人間は、セコさのスイッチが入ってしまう。金額の計算でいけば、切り上げるか、切り捨てるかということになる。〇・八六ドルを払う場合、〇・九ドルを運賃箱に入れる人は本質的に誠実な人だと思う。しかし僕は、

「シンガポールは金もちの国なんだから、六セントぐらいでいろいろいわれないさ。

車内は涼しくて快適。運転も優しい。シンガポールのバスだと納得する

このアプリもその後、有料になったとか。次に滞在するときはどうしよう

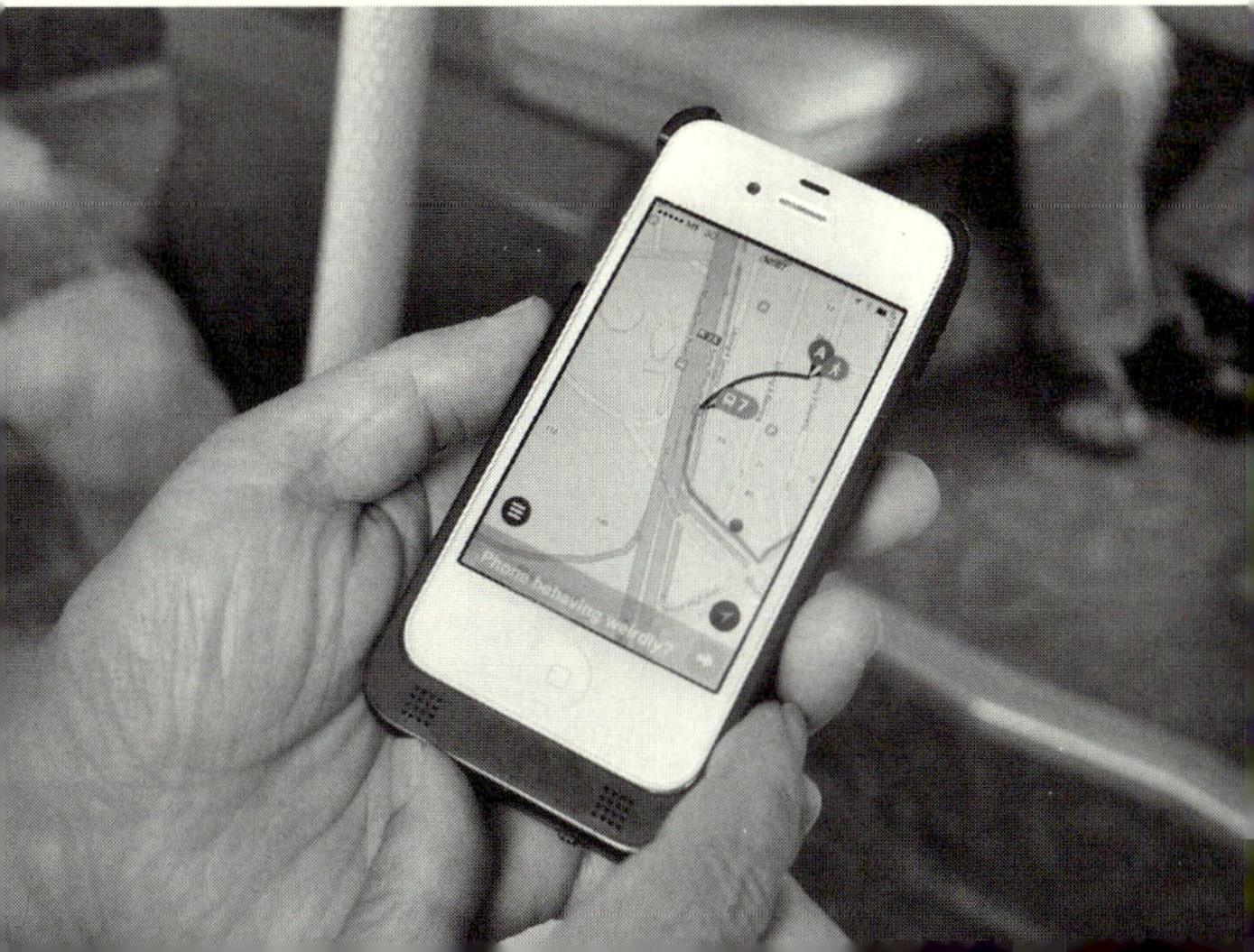

〇・八ドルでいいんじゃない」

という我田引水がすぐに頭をもたげてくるタイプである。地下鉄の切符では、十セントにあれだけこだわったというのに、バス運賃ではコロッと態度を変えるセコい男だった。いや、これをセコいといってはいけない。無賃乗車ではないが、正しい金額を払っていない。十円にも満たない額かもしれないが……。

実は香港でも同じことをやっていた。香港のバスの支払い方法は、シンガポールとそっくりだった。細かい硬貨までチェックしないことも同じだった。いってみれば前科があった。こういう道は、一度、足を踏み入れると、なかなか抜けることができないものだ。

しかしそれでいて、僕は小心者である。運転手がしっかりと硬貨を調べるかもしれないという不安はある。はじめてバスに乗ったときの運賃は〇・七七ドルだった。僕は〇・八ドルを運賃投入箱に入れ、正しい旅行者を装ったのである。

僕と阿部カメラマンの小銭を数えた。合わせて一・六ドルしかなかった。バス代はふたりで、一・七二ドルである。

「一・六ドルをじゃらじゃらと運賃箱に入れれば大丈夫じゃないかな」

阿部カメラマンとは長いつきあいになるが、彼は誠実な人だと思う。香港でも同

ゲイランのバス停。バスの本数はかなり多い。これもすごいことだ

バス路線はすべて番号化されている。２階建てバスもかなり走っている

じようなシーンがあったから、「下川さん、またやるんですか」と目が訴えているような気にもなる。

結局、ふたりで一・六ドルでゲイランに帰ってしまった。そもそもバス代は、地下鉄に比べると五十セントほど安い。その上に十セント未満はごまかすことができる。

「やっぱりバスは安いな」

ホテルに帰る道すがら、ひとり呟《つぶや》く。阿部カメラマンには聞こえなかったと思う。

ホテルとバス——。あがいているようなものだった。いったいどれほど節約できたかと思うと、少し切なくなる。残るのは食事である。しかしこれまでも、それなりに節約してきた。ここ数年の食事を思い起こしても、ホーカーズのテーブルしか浮かんでこない。いつも天井でまわるファンからの風に吹かれてビールを飲み、シンガポール料理を食べてきた。いや、一度だけ、ラベンダー駅の上にある冷房の効いたホーカーズに入ったことがある。しかし所詮はホーカーズである。

理由は明確だった。ホーカーズは安い上に、税金とサービスチャージをとられないことも大きかった。シンガポールでは、そこそこの店に入ると七パーセントの税金と一〇パーセントのサービスチャージをとられる。一七パーセント。これが堪える。五十ドルの食事代がポーンと五八・五ドルにはねあがってしまう。日本の消費税もつらいが、その倍近い割合なのだ。さしたるサービスもないような店の一〇パーセントには理不尽ささえ覚える。

しかしホーカーズにはそれがない。税金は内税になっていると思う。サービスチャージはとっていない気がする。とにかく安心して箸を動かすことができるのだ。

しかし最近になって、ホーカーズにもランクがあることを知った。昼どき、オーチャードロードのラッキープラザ近くにいた。このビルは、両替屋や雑貨屋、携帯電話ショップなどがシンガポールらしくない無秩序さで入居していた。あてもなく歩いていると、突然、海南鶏飯の店がみつかったりする。この地下のホーカーズで昼食をとった記憶がある。

そのときはビルに向かって右側の入口から入った。すると通路に沿ったような小規模なホーカーズがあった。

このあたりはオフィス街だから、エコノミーライスと呼ばれる定食がある。東南アジアにはよくあるぶっかけ飯である。列ができていた。料金を見ると、二菜一肉二・八ドル、一菜二肉三・三ドルと書かれていた。菜とは野菜系、肉というのは肉料理や魚料理である。

以前に入ったホーカーズとは違う。入口にはラッキーフードセンターと書いてあった。先に進んでみた。もう一軒のホーカーズがあった。店内は明るく、清潔だが、客はそれほど多くなかった。ラッキープラザという名のホーカーズだった。しばらく前に入ったのはこのホーカーズだった。

そこにもエコノミーライスがあった。メニューを見た。二菜一肉四・一ドル、一菜二肉四・六ドル。

「一ドル以上も違うんだ」

「さっきのホーカーズに戻りますか」

阿部カメラマンと言葉を交した。踵《きびす》を返して列に並んだ。二菜一肉にした。

まずかった。料理はそこそこの味だったが、米がまずい。料金の差は米かもしれない。二・八ドル。日本円で約二百五十円。周辺で働くシンガポールっ子は、こんなランチを食べていた。少し薄暗いテーブルで、安いエコノミーライスを頬ばる彼らを、少し身近に感じた。

「そうなんです。ホーカーズならどこでも安いってわけじゃないんです。なにしろ、マリーナベイサンズにもホーカーズがありますからね。たしかにホーカーズは、冷

薄暗く、混んでいるので、ラッキーフードセンターはすぐみつかるはず

おかずは日々変わるから、写真メニューはなんの参考にもならない

房の効いたレストランより安い。レストランに入ると、一万円ぐらいすぐにいっちゃうけど、ホーカーズなら、その半分以下ですむ。それに税金とサービスチャージをとられない」

ラッキーフードセンターの話をすると、シンガポール在住の知人は、まるで待っていたかのように言葉をつないだ。いかに安くあげるか——それはシンガポールにいる庶民の頭のなかのほとんどすべてを支配しているような気にもなる。

安いホーカーズ……。料金を調べていけばいいのだが、シンガポールには、もう、数えきれないほどのホーカーズがある。

「HDBですね」

知人はそう断言した。HDBというのは、Housing & Development Board の略。日本流にいうと団地である。シンガポールの人々の八割はこのHDBに住んでいるともいわれる。

HDBは十五階から二十階建てで、数十棟単位で建っていることが多い。ジョホール海峡に近いウッドランズのHDBを見たことがあるが、各棟に記された番号は百五十を超えていた。HDBは政府が計画的につくったものだから、そのなかに市場やスーパーマーケット、公園……そしてホーカーズももちろんある。HDB内の

もう少し円が高くなったら、隣のラッキープラザに行こうと心に誓う

ホーカーズがいちばん安いのだという。繁華街や大通りにあるのは表ホーカーズ。働く人の昼食や外国人向け。庶民のホーカーズはHDBのなかにあるということなのだ。

ひとりの日本人女性にそんなホーカーズを案内してもらった。彼女はHDBに住んでいるわけではないが、近くにHDBがあり、そのホーカーズをよく利用するという。

地下鉄のティオンバル駅で待ち合わせた。オーチャードロードからそう遠くない住宅街といった感じだ。このあたりは賃貸料もそれほど高くないせいか、規模は小さいがおしゃれな店が増えているのだという。駅前もそこそこの商店街が広がっていた。

HDBは駅からすぐかと思っていたが、十分ほど歩いた。近道を歩いたのか、駐車場を抜けると、二十階ほどのHDBが林立していた。きっとその中心あたりなのだろう。市場に出た。午前中はかなりの賑わいだというが、日も落ちたいまは、ほとんどの店が閉まっていた。その向かいにフェアプライスというスーパーがある。脇にはコンクリートが敷かれた運動場があり、若者がバスケットボールで遊んでいた。

HDB をぼんやり見あげる。団地国家……。たしかに……

HDB に囲まれたホーカーズ。ここに入り込んだら、もう通ですな

その周囲に三軒ほどのホーカーズがあった。それぞれテーブルが二十個ほどと、規模はそれほど大きくはない。

テーブルに着いてメニューを眺める。料理でほかのホーカーズと値段を比べるのはなかなか難しい。同じ料理が並ぶわけではないからだ。このホーカーズは三軒の店と飲み物専門店が一軒入っていた。メニューは食事を出す三店分が一緒になっていた。よけいにわかりづらい。しかしじっくりと眺めると、どことなく一ドルほど安いような気もする。

「そうですよね。料理って味や素材もあるし。でもシンガポールっ子は、HDBのなかのホーカーズのほうが、絶対に安くておいしいっていいます。私もその意味が最近、なんとなくわかってきた気がします。日本人、三、四人で食べて、割り勘で払うと、やっぱり安いなぁって思いますね。五ドルから十ドルは安い。暮らしてみないとわからないかもしれないけど」

シンガポール人に倣えということらしい。シンガポール人の七五パーセントほどが華人である。それも質素を座右の銘にするような客家《ハッカ》系が多い。節約という面では、日本人よりも信用できる。周りのテーブルを眺めてみる。観光客風の人は誰もいない。おそらく皆、このHDBの住人だろう。

HDB内ホーカーズは、表通りに面したそれより確実においしい。写真でわかるはず

「いちばんわかりやすいのはビールの値段かもしれない。いくらでした?」

料理はまとめて注文するが、ビールはそのつど現金を払うスタイルだった。

「タイガービールが六・八ドル」

日本円で約五百八十五円。昨夜、阿部カメラマンと入ったホーカーズを思い起こす。ビール一本七・五ドル、六百四十五円だった。このホーカーズのほうが七十セント安い。

シンガポールで節約すること。それは庶民の世界になると、セントの世界の攻防だった。バス運賃といい、ホーカーズといい、一ドル以下、八十六円以下の積み重ねが安くあげるコツだった。高級ホテルを避けて安ホテルを選び、地下鉄が高いとバスに乗り、安いホーカーズを求めてHDBに迷い込むと、爪に火をともすように倹約していく世界が待っていた。しかし、そこで踏んばると、シンガポールは日本より安い国になる。

「ふーッ」

と溜息混じりに夜空を見あげる。空の月がにじんで見える。シンガポールやマレーシアは四月から十月にかけ、スマトラ島やカリマンタンでの焼き畑の煙や排ガスが流れ込み、どんよりと曇った空になることがよくある。ヘイズと呼ばれる。煙害である。今日の大気汚染はひどかった。そのなかを、十セントを節約するために歩きまわる。ちょっと疲れた一日だった。

日曜からシンガポールに行くと安くなる

この本は週末シリーズの一冊なのだが、その足許をしっかり見ているのもシンガポールという国かもしれない。本文でも紹介しているように、シンガポールのホテル代は、週末になるとぐっとあがる。タイトルとは矛盾してしまうのだが、シンガポールへの旅を安くあげるコツのひとつは、週末を避けるということになってしまうのだ。

ゲイランで泊まった『ゴールデンスターホテル』のフロントには、次のような料金表があった。

日曜〜木曜　五十五ドル
金曜　六十五ドル
土曜　七十五ドル

こういった料金表がフロントや部屋に掲げてある国はときどきある。ホテル代の適正化のための行政指導といったところだろうか。しかしほとんどの国で料金は守られていない。だいたい、表示金額より安くなっていることが多い。

しかしシンガポールは違う。その通りの料金である。若干だが、割り引いてくれることはある。このホテルも、平日に泊まったときに五ドル安くしてくれたこともあった。

問題は週末料金である。割り引いてもらった平日料金と週末料金の差は二十五ドル、約二千百五十円。これは大きい。一泊五万円のホテルに泊まって二千百五十円の差というわけではない。二十五ドルあれば、ビールが四本は飲める。いや、そういうことではないが。

ビジネスマンが多いホテルは、週末に値下げするところもあるようだが、一般的にはぐんと高くなると思っていい。

週末にホテル代があがるのは、なにもシンガポールに限ったことではない。欧米の安ホテルでも週末は追加料金になることが多い。アジアはまだのんびりしている。高級ホテルは週末料金になるところがあるが、格安ホテルの世界に入ると、週末どころか年末も宿代は変わらない。

これまで泊まったアジアの国では、マカオが安ホテルであっても週末は値あがりする。金曜と土曜は香港に泊まったほうがいい、と現地でよくいわれた。マカオのホテルが高くなる理由はわかっていた。大陸から中国人が押し寄せているからだ。カジノと世界遺産観光が目的だった。ホテルは慢性的に不足していた。

シンガポールはそこまでホテルが不足しているわけではない気がする。ゲイランの格安ホテルを見ても、窓にこだわらなければ、比較的簡単に部屋はみつかる。しかしシンガポールのホテルは強気である。

詳しくは三章で伝えるが、二〇一五年の四月から、アルコール類に関するいくつかの法律が施行されるようになった。そのひとつに、「リカーコントロールゾーン」があった。このエリアに指定されると、公園や公道では、週末、アルコール類が禁止になる。土曜日の朝の七時から月曜日の朝の七時まで、ビールを飲むことができない。このゾーンには、リトルインディアやゲイランも指定されている。週末はホテル代も高くなり、安ホテル街ではビールも飲めない……。これはかなり苦しい。

「でもこのルールが適用されるのは、公園や公道でしょ。ホーカーズは大丈夫」と思う人もいるかもしれない。しかしそれはやや甘い。これも次章で詳しく説明するが、ホーカーズを所有してるのは、公の政府系機関なのだ。個人のものではない。だから、シンガポールの人のなかには、「ホーカーズは公道」

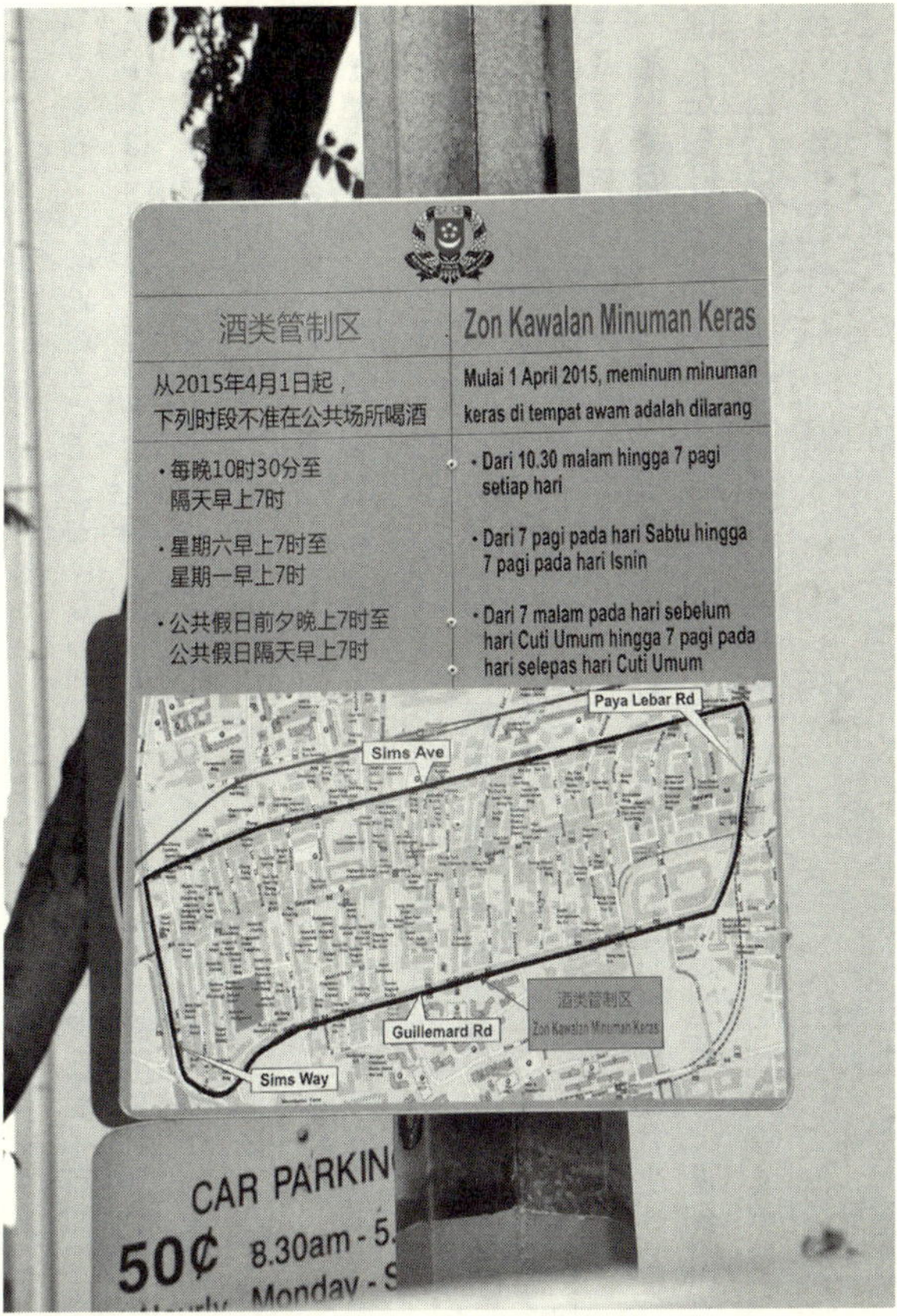

ゲイランの太い枠で囲まれたところは、週末、ビールが消える

という人もいる。

ホーカーズは公道ということになると、リトルインディアとゲイランのホーカーズは、リカーコントロールゾーンのルールがずばりと適用されてしまう。

ここから先は、シンガポールのグレーゾーンに入っていくのだが、実際、法律が施行された直後は、ビールを出さないホーカーズもあった。おそらく警察の対応を見ていたのだろう。しかし、リトルインディアとゲイランでは、「どうも大丈夫そうだ」ということになってきた。控えめだが週末のテーブルにもビール壜が置かれるようになった。僕は「ほッ」と胸をなでおろした。

しかし雑貨屋やコンビニのなかには、週末、酒類を売らないところもあるという。やはり週末のビールは控えめというのが、いまのシンガポールという気がしないでもない。

狙いは月曜日だろうか。日本は振り替えで月曜日が休日になることがある。日本から日曜日のフライトでシンガポールに向かって二泊三日。火曜日に帰国するような日程を組めば、ホテル代も安くなるし、ビールも問題なく飲むことができるわけだ。

第三章

シンガポール

三日目　ゲイランで不良になる

シンガポール二日目の晩だった。ゲイランのはずれにあるホーカーズでビールを飲んでいた。

「あれ、どういう意味？」

前に座る阿部カメラマンに声をかけた。

壁にアルコール類の販売についてのルールが書いてあった。午前一時のところが十二時五十分に直されている。

「本当は一時なんだけど、店の片づけがあるから十二時五十分なんじゃない」

店には数人の客がいた。皆、ビールを飲んでいた。そのなかに、欧米人の老人がいた。世界の安宿街に泊まると、ときどき目にするタイプだ。年齢は六、七十代といったところだろうか。することもなさそうで、夜になると、同じ店の同じ椅子に座り、なめるようにビールを飲んでいる。二、三時間でビール一本……そんなペースだ。きっと自分の国でも、こうしてビールを飲んでいたのだろう。裕福そうな雰囲気はない。しかし本国で食い詰め、アジアに流れてきた老人のような哀れさはな

STRICTLY NO CONSUMPTION OF
ALCOHOLIC DRINKS OR BEER
NOT BOUGHT FROM THIS PREMISE!
&
NO CONSUMPTION OF
ALCOHOLIC DRINKS OR BEER AFTER 1
OFFENDERS WILL BE
REFERRED TO THE POLICE!
这里严格禁止
外来酒精或啤酒!
凌晨 点后:
不允许在这里喝酒精或啤酒
违者将交给警察!
12:50AM
MANAGEMENT OF TAI JING LC
By Law

ホーカーズのこの掲示。なぜ12時50分まで
いいのか、いまだ謎

い。一度、ベトナムのホーチミンシティーで、そんな老人と話をしたことがあった。デタム通りに近い食堂だった。やはりビールをゆっくりと飲んでいた。

「高級ホテルが嫌いなんだ。衛星放送のテレビやビデオはあるけど、観たいものもない。こうやって路上をぼんやりと眺めながらビールを飲んでいたほうが暇が潰せる。家？　ドイツのミュンヘン。いまは寒いぞ。女房は五年前に死んだ。年金暮らしさ」

少しわかるような気がした。彼はどこに行ってもすることがないのだ。欧米や日本は、自分から動こうとしないとすることがない。音のない生活に入り込んでいってしまう。それは高級ホテルも同じなのかもしれない。さまざまな要求に応えてくれるのかもしれないが、黙っていれば、部屋のなかは湖の底のように静かだ。それが高級ホテルに約束されるプライベート空間である。

しかしアジアの安宿はそういうわけにはいかない。隣の部屋との壁は薄く、話し声がよく聞こえてくる。ときにトイレが詰まり、電気が消える。そのたびに管理人を呼ばなくてはならない。路上の店でビールを飲んでいると、ほうき売りのおじさんが現れる。海賊版ＤＶＤや偽バイアグラを手にした男が近づいてくる。ぼんやり眺めていると、目の前で大渋滞が起きる。それらはトラブルに違いないのだが、なにもすることがない老人には、ホテルにいるより暇を潰すことができた。ホーカーズでビールをテーブルの上に置いた老人もその類なのかもしれなかった。

しかしここはシンガポールだった。

店にはビール会社の制服を着た女性がふたりいた。タイではビアチャンと呼ばれるタイブランドビールとシンガポールのタイガービールのキャンペーンガールだった。ビアチャンの女性は、そのビールの注文しか受けなかったが、タイガービールの女性は、まるでウエイトレスのように店内を動きまわっていた。十二時半をすぎると、テーブルの上にあったビールを片づけはじめた。客は急いでビールをグラスに注ぎ、壜をあけはじめた。気がつくと、ほぼすべてのテーブルの上から、ビール壜が消えていた。のんびりと構えていたのは老人ひとりだった。タイガービールの女性が、老人になにやら話しかけた。すると老人は、半分ほど入ったビール壜をテーブルの上から椅子の上に移した。

おそらく、「もうアルコール類のリミット時間が近いので、テーブルの上にビールは置けない」という説明を受けたのだろう。

〈椅子の上ならいいだろう〉

老人はそう考えたのだ。しかしシンガポールは甘くなかった。そのビールも片づけられ、十二時五十分には、酒類が店から消えていた。そこは二十四時間営業のホーカーズだった。料理はまだ大丈夫だったが、ビールは壁に書かれたルール通りに消えた。

〈そこまでやるんだ〉

僕は戸惑っていた。老人は不満げに席を立った。テーブルの上がだめなら椅子の上……と反抗する。その老人の心情がよくわかった。シンガポールの一日目は快適だ。堪えるのは物価の高さだ。そのなかで二日目、なんとか抗ってみた。しかし二日目の晩になると、収まりのつかないものがむくむくと頭をもたげてきてしまう。小さな反抗に心が揺れはじめる。

このゲイランで、窓のある部屋を探しはじめたとき、すでにその伏線は張られていた気がする。

部屋を探して安ホテルのフロントに立ったとき、その脇には、必ずといっていいほどザックが積まれていた。時刻は昼すぎだった。泊まっていたバックパッカーがチェックアウトをすませ、飛行機やマレーシア方面に向かうバスが出るまで市街に出かけているのかもしれなかった。普通の観光客もいるのだろう。最近はザックを利用する人が少なくない。

ゲイランロードは横断歩道が少ないので、勝手に渡るのがゲイランのしきたり

どちらにせよ、かつてのゲイランには似合わない旅行者だった。

これをネットの功罪というのだろうか。シンガポールのホテルは高い。勢い、ネットで一シンガポールドルでも安いホテルを探そうとする。そこでヒットしてくるのが、ゲイランの安ホテルだった。ゲストハウスやドミトリーになると、リトルインディアやその周辺が多くなるが、安ホテルとなると圧倒的にゲイランだった。日本円で四、五千円。ときに三千円台の後半の値段もモニターに浮かびあがる。

しかしゲイランは売春街だった。口コミを丹念に読めばわかってくることなのだが、旅行者が皆、口コミを読むわけではない。シンガポールはクリーンなイメージの国だから、その街なかに売春街があることなど、想像もしない人もいるだろう。いや、売春街とわかっても、予約を進める人もいる。それほどまでに、シンガポールのホテルは高い。

しかしなんの予備知識がなくても、この街に一歩、足を踏み入れれば、シンガポールのほかのエリアとは、流れる空気が違うことがわかる。ピンク色の照明に映しだされたその種の店の前には、暇そうな男が座っていて、こちらが日本人とわかると、「見るだけ。ただだよ」などと声をかけてくる。ときおり、ドアが開くと、そのなかに肌を露わにしたアジア系の女性が座っている。暗がりには、短いスカート姿の女性が立っている。ある夜、その一画に、警察のワゴン車が停まっていた。ぼんやりとしたルームライトに何人もの女性の顔が浮かびあがっていた。一斉摘発があったようだった。

ゲイランにある安ホテルは、もともと、買売春の場だった。そういう男たちが女を連れ込む宿だった。その世界が変わっていくきっかけは、HOTEL81だったように思う。二〇〇〇年前後の話だ。チャンギ空港のホテル案内所に出向くと、そのリストのなかの最下位、つまりいちばん安いホテルとしてHOTEL81があった。僕は迷わず予約を入れた記憶がある。いまではこのホテルのチェーン店の名がズラ

ゲイランに点在する置屋。客を待つ女性はひとりかふたり

路上に立つ女性のほうがはるかに多い。ときどき一斉摘発で捕まる

リと並ぶ。リストの最後という定位置を守っているが。

おそらくＨＯＴＥＬ81は、かなりの稼働率をあげたのだろう。それを支えたのは、シンガポールのホテル代の高さだった。一泊一万円を超えるホテルが並ぶなかで、半値以下の宿代は目を惹く。なかには、ホテルに辿り着いて、周囲の怪しげな空気に足が停まってしまう人もいたかもしれないが、すでに保証金を空港のホテル案内所に支払ってあるから、泊まらざるをえなかった。

ＨＯＴＥＬ81の活況は、周辺の連れ込み宿を刺激していく。ホテルのオーナーは華人である。次々に内装に手を加えて売春宿色を消し、一般ホテルに姿を変えていくことになる。ＨＯＴＥＬ81はチェーンホテルに成長していく。ＦＲＡＧＲＡＮＣＥという新しいチェーンホテルも誕生していく。

その流れを後押ししたのがホテル検索サイトだった。かつて旅行会社や空港のホテル案内所を通したり、直接、電話でホテルを予約していったスタイルが、一気にインターネット予約に変わっていく。旅行会社やホテル案内所を通すとき、「売春街のなかにあるホテルですけど……」といったアドバイスをもらえるかもしれないが、ネット予約はそこに書き込まれた内容から判断するしかない。ゲイランの安ホテルにしても、売春街にあることは伏せるだろう。立地を知らない世界の旅行者が次々にゲイランに現れることになるのだ。

ゲイランに泊まった旅行者が、これはラッキーとばかりに、ピンクのネオンに吸い込まれていくわけではない。カップルのバックパッカーも多い。彼らはごく普通に、ホーカーズで朝食をとり、市内観光に出かける。ナイトサファリで夜行性の動物を見た帰りに、ホーカーズでビールを飲む。街は年を追って健全な空気に包まれていくことになる。

この傾向に文句もいえないのだが、「チッ」と舌打ちする男たちがいる。シンガポールのイメージにはそぐわない男たちだった。後ろ指をさされるようなタイプかもしれないが、ゲイランに足繁く通う男たちや、ここにある安アパートに暮らす男たちだった。

それは東京の山谷《さんや》に似ていた。ドヤと呼ばれる簡易宿泊所が並ぶこの街は、日雇いの労働者の根城だった。しかし高度経済成長期からバブル期へと続く好景気時代が終わると、日雇いの仕事が減り、ドヤの小部屋に空室が目立つようになる。そこで目をつけたのが、しだいに増えつつあった外国人旅行者だった。その背後にあったのは、シンガポール同様、東京のホテル代の高さだった。行政も支援した。台東区にしてみたら、ドヤ街といわれるよりも、外国人向けのゲストハウス街といわれたほうが、はるかにイメージがいい。

一度、山谷のゲストハウスを訪ねたことがあった。

「山谷もこうなってしまったか」

地下鉄の三ノ輪駅からの道を進み、泪橋《なみだばし》交差点を越えながら呟《つぶや》く。学生時代、何回か山谷を歩いたことがあった。デモの隊列に加わるような左寄りの学生は、山谷ぐらい知っておかなくてはいけないような雰囲気が大学にはあった。しかしぎこちない足どりで入り込んだ山谷は、吹く風にもびくつくほど怖かった。男たちの顔はささくれた意識に縁どられていた。泪橋の交番の前には、いつもジュラルミンの盾が並べてあった。路上では酒くさい息を吐く男たちがカップ酒片手に焚き火を囲んでいた。喫茶店の片隅で、『あしたのジョー』を階級闘争に重ねて語る頭でっかちな学生など山谷では異物だった。男たちの体が発するアナーキーなにおいとは、何日、風呂に入っていないのかわからない饐《す》えた悪臭だった。

あれから三十年近い年月が流れ、ゲストハウス見学に訪ねた山谷は、牙が抜かれたかのように静まり返っていた。まるで人通りが少ない地方都市のようだった。暴走するエネルギーのかけらもなく、酒屋の前でビールを飲むのは、ゲストハウスに泊まっている欧米人だった。

アナーキーなもの……。人種は違うが、昔のゲイランには、そんなにおいがあった。

それは煙草だった。

はじめてゲイランを歩いたのは、二十年ほど前のように思う。そのとき、すでにシンガポールでは、冷房の効いた室内での喫煙は禁止されていた。この法律が施行されたのは、一九八九年である。すべての国の喫煙事情を調べたわけではないが、おそらく世界で最も早い禁煙ルールではないかと思う。

なにしろ日本航空と全日空が、国内線と国際線で全面禁煙にしたのは一九九九年である。それまで飛行機のなかには喫煙席があったのだ。僕もその時代の飛行機を知っている。機内の壁には、「喫煙席」というシールが貼ってあった。離陸時は禁煙だったが、安定飛行に入ると、頭上の禁煙サインが消える。そのとたん、喫煙席のそこかしこから煙がたちのぼったものだった。いまでも古い機材の飛行機に乗ると、灰皿が残っていることがある。あの時代の名残である。

世界の国々が禁煙や分煙に動きはじめたのは、二〇〇二年前後からのようだ。日本で健康増進法が施行され、学校やデパートなどでは喫煙コーナー以外が禁煙になっていくのは二〇〇三年。アメリカは二〇〇六年から、ワシントンやシカゴなどで禁煙のルールが決められていく。アジアでは二〇〇二年、タイが冷房が効いた室内での喫煙を禁止している。シンガポールのそれは、その十年以上前に施行されているのだ。

僕のように煙草を喫《す》う人間にとって、シンガポールから届いた禁煙情報は衝撃だった。

「冷房の効いた室内では煙草が喫えない？　そんなルールを皆、守るんだろうか」

「グリーン＆クリーンの国ですからね。それにリー・クアンユーでしょ。やってくれますね」

僕らは煙草を喫いながら、そんなシンガポール話を交わすことになる。

この話を耳にしてから二、三年後だったろうか。家族連れでシンガポールに向かった。僕の両親も一緒だった。シンガポールでは、父親の教え子が出迎えてくれた。彼はシンガポールに駐在していた。高校の教師として働いていた父は、退職して何年かが経っていた。

父の教え子は、僕らの夕食のために、中国料理店の個室を予約しておいてくれた。

「冷房の効いた店は禁煙なんですけど、ここは個室なら許してくれるんですよ」

彼はヘビースモーカーだった。

シンガポールの人はかなり煙草を喫う。この値段で。金もちだと本当に思う

「リー・クアンユーもヘビースモーカーだったんです。自分が煙草をやめたから、エアコンが効いた店は禁煙。ひどい国ですよ」

教え子は困ったように笑った。

リー・クアンユーが煙草をやめたのは三十四歳の頃のようだ。シンガポールが独立する前の話だ。彼は人民行動党を率いていた。当時、彼は一日三十本の煙草を喫い、大量のビールを飲んでいたという。選挙演説のために待機している間に、十本入りの煙草を喫いきってしまったこともあったことを話している。スピーチ、煙草、ビール……という生活のなかで、突然、声が出なくなってしまった。彼が煙草をやめた理由だった。以来、煙草アレルギーだと口にするようになっていった。

日本はどこでも自由に煙草が喫え、飛行機のなかでも煙草に火をつけることができる時代だったから、シンガポールに行くときは緊張した。もっとも禁煙になったのは、冷房の効いている店だったから、僕が根城にするホーカーズでは自由だったが。

しかし、グリーン&クリーンをめざすシンガポールでは、次々にルールがつくられていった。一九九七年の時点で、ざっと次のような禁止事項と罰金が決められていた。

・ゴミの投げ捨て禁止　初犯で最高千ドルの罰金、再犯で二千ドルと清掃作業など
・定められた場所以外での喫煙　罰金は最高千ドル
・痰《たん》や唾《つば》の吐き捨て　罰金は初犯で千ドル、再犯で二千ドル
・トイレの水を流さない　初犯で百五十ドル、再犯で五百ドル
・鳥への餌やり　罰金は最高千ドル

まるで中学校の校則のようなルールに縛られていくシンガポールっ子に植えつけていった。もちろん、街を清潔にしていくリー・クアンユーの政策を支持す

る人々も多かったはずだ。しかし反発する人もいる。別にゲイランが、その種のルールが及ばないエリアというわけではなかったが、縛られることを嫌う不良中年の勘はあった。ゲイランは少し甘いかもしれない……。なにしろ公認されているとはいえ売春街なのだ。

はじめてゲイランを訪ねた僕は、一軒のホーカーズに入り、ビールを頼んだ。三つほど離れたテーブルに、ひとりのおじさんが座っていた。髪の毛が少し薄くなった初老の男だった。彼もやはりビールを飲みながら、煙草を喫っていた。するとその煙草を、火がついたままポーンと路上に投げ捨てた。小さな火が、放物線を描いて落ち、路上に転がった。おじさんはどや顔をつくった。このホーカーズには冷房はなく、天井で扇風機がまわっているだけだから、喫煙が問題ではなかった。しかしゴミの投げ捨てに触れる。どや顔おじさんの瞳は、

「おまえ、こういうこと、できるか」

と語りかけているようでもあった。友だちの前で煙草を喫ってみせる不良中学生のような眼差しでもあったが、路上で火を焚く山谷の日雇いの男たちのようなアナーキーなものも宿っていた。おじさんと意気投合するつもりもなかったが、その心の裡《うち》は理解できた。煙草に気を遣い、さまざまなルールが書かれた標識を目にする

たびに、不埒な思いがこみあげてきた。羊のようにルールを守るシンガポールの人々に腹立たしさも覚えた。

〈いっそ不良になってやるか〉

ひとり路上で呟いてしまうのである。そして、その背後にはリー・クアンユーの自信ありげな顔が浮かんでいた。

僕はいまだに、リー・クアンユーという政治家の資質を計りかねている。戦後のアジアには、多くの業績を残した政治家がいる。台湾の李登輝《りとうき》、中国の鄧小平《とうしょうへい》、マレーシアのマハティール・モハマド……。長く政権の座につくカンボジアのフン・センもいる。彼らの顔は、あるイメージに結びつけることができる。しかしリー・クアンユーにはそれがない。ときに理想主義者の顔を見せるかと思えば、現実主義者の顔を見せる。

中国名を李光耀《りこうよう》と書く。客家《ハッカ》系華人四世である。シンガポールがイギリスの海峡植民地だった時代、曾祖父が当時の清から移住している。日本の占領時代は接着剤を闇市で売り歩くといった苦労を重ねているが、戦後にイギリスに留学したエリートでもある。

弁護士になったことが、政治の道に入っていくきっかけだった。いくつかの労働

ヒンドゥー寺院は唐突に現れる。とにかく目立つ。線香のにおいもきつい

争議を経験するなかから、労働組合の指導者として支持されていくのだ。シンガポールが独立する前の時代である。当時のアジアは、社会主義系の政党が力をもっていた頃でもある。労働組合を束ねる存在だから、左翼系のようなイメージをもつが、彼の思想はかなり違う。実際に共産党とは対立する立場をとっていく。

むしろ彼を政治家として育てていくのは、マレーシアとの軋轢《あつれき》だった。

一九五七年、マラヤ連邦がイギリスから独立する。シンガポールは一九五九年、イギリス連邦の自治州という存在になった。その後、マラヤ連邦とシンガポール、そしてボルネオ島のサバ州、サラワク州はマラヤ連邦としてひとつになる。一九六三年のことだ。マラヤ連邦の大義は植民地時代の終結だった。その意識はマレー人のナショナリズムを刺激していく。マレー人の優遇政策がとられていくのだ。しかしシンガポールは、華人が人口の四分の三を占めていた。マラヤ連邦のマレー人優遇政策に対し、当然、華人は反発する。やがてマレー人と華人が衝突する事件が起きる。シンガポール人種暴動である。

リー・クアンユーは、その渦中に放り込まれることになる。彼はマラヤ連邦のマレー人優遇政策を批判し続ける。華人が大多数を占めるシンガポールの代表としては当然だった。しかし面積が七百十六平方キロ、東京二十三区とほぼ同じ広さしかない島には、農地も少なく、水源も乏しかった。地下資源に恵まれているわけでもない。国防能力も脆弱だった。マラヤ連邦に頼るしか術《すべ》はなかった。リー・クアンユーは、そのなかで立ちまわらなければならなかった。

しかしマラヤ連邦は、一九六四年、シンガポールを追放してしまう。マレー人の国というアイデンティティーを優先させたわけだ。翌年、シンガポールは、マラヤ連邦から分離独立という形で、ひとり歩きを強いられることになるのだ。その会見で、リー・クアンユーは涙を流す。

ここまでは理解できる。シンガポールという小国のリーダーになった政治家の苦悩も、頭では理解できる。

しかしそこから先がわからなくなる。なぜ開発独裁という権威主義的な政治体制を敷いていったのだろうか。心の裡にあったのは、シンガポールを追放したマラヤ連邦、つまりマレーシアへの怨念だったのだろうか。水すら満足にない島国国家が生きていくための危機感だったのだろうか。しかし反発心や焦りがあったとしても、明るい北朝鮮とまでいわれる管理体制に走っていく根拠がみつからない。客家という血筋、イギリス留学、弁護士という職業、そしてマラヤ連邦との交渉……。どれも、独立後の政治手法とダイレクトには結びつかない。やはり、リー・クアンユーというひとりの政治家の資質に辿り着いてしまうのだろうか。

政治家というものは独善的な資質が強い人たちという気もする。それに対する反対勢力があり、ある種のバランスがとれていくものなのだが、仮に意のままに動かすことができる国を手にしてしまったら……。政権内の権力抗争に振りまわされ、身内だと思っていた政治家に裏切られ……といったなかで権謀術策《けんぼうじゅつさく》を繰り返す世界の政治家にしたら、リー・クアンユーは羨望の男だった気がする。タイの元首相であるタクシンにもその傾向があった。中国の指導者たちにもそのにおいがある。

アジアにはこんなジョークがある。フィリピンを訪ねたリー・クアンユーはこういった。

「私が大統領なら十年でフィリピンをシンガポール並みにしてみせる」

この言葉に、フィリピンのラモス大統領はこう切り返した。

「私にシンガポールを任せてもらえば、一年でフィリピン並みにしてみせる」

真偽のほどはわからないジョークだが、フィリピンの政治家にしても、路上には排ガスが渦まき、銀行の前には自動小銃を手にした警備員が立つマニラからシンガポールに出向くと、やはり羨ましく思ったのに違いない。一年でフィリピンにしてみせる……という言葉の背後には、私たちこそ民主主義を堅持しているという自負があるのだが、美しい並木が続く道を目のあたりにすると、民主主義が頼りなくも映ったりする。

リー・クアンユーは、独裁政権を維持するために、さまざまな手段を使った。デモや集会を禁止し、反対勢力に対しては治安維持法を発動させた。これは国内を六つのエリアに分けて監視していくもので、リー・クアンユーの人民行動党への批判を続けると、この法律に問われることになる。裁判手続きなしで監禁できることも特色だった。人民行動党への批判は、しばしば名誉毀損の対象になった。莫大な賠償金で対抗勢力を破産に追い込む手法を、リー・クアンユーはよく使った。彼は弁護士でもあった。こういう話を聞くと、僕は、「近くにいてほしくない人だよな」などと思ってしまう。

しかしなぜ、そこまでして独裁をめざしたのだろうか。一般的には経済を最優先する政策ということになる。シンガポールは外資依存型経済で急速に発達したといわれる。そのためには、さまざまな政策が一気にとられた。まず法人税を引き下げる。ほかの国よりはるかに低い一七パーセントという割合なのだが、研究開発が認められると、その割合がさらに下がっていく。公務員の給与を高くしたのも、外国企業を誘致するという目的があったともいわれる。給料を高くすれば、役人が賄賂を要求することも少なくなると読んだのだ。アジアに進出する企業が苦労するのは、役人が要求する袖の下だというのはよく聞く話だ。そのために裏金を捻出しなくてはならないのだ。カンボジアやインドネシアは、賄賂要求の露骨さがしばしば話題になる。

法人税が安く、役人も金にきれいだ……となれば、当然、世界の企業がその現地法人をシンガポールに置くようになる。こういう政策を一気に進めることができるのは、たしかに開発独裁型のほうがスムーズだ。

クリーン&グリーンもその一環だと説明されている。緑が豊かな公園のような街並み、そしてゴミのない道路……。たしかにオフィス環境としては優れている。しかしそれは、進出する企業としては付随的なものだ。企業というものは街が汚れていても、儲かると判断すれば進出していく。

一度、シンガポールのジュロン工業団地から、バンコクの郊外に工場を移した会社の社長と話をしたことがある。

「バンコクに工場用地を見にきたとき、ここだと思いましたね。シンガポールに比べれば、街は汚い。工場用地の周辺は未舗装路もあって、雨季になると道はぬかる。しかし進出するなら、こういう場所なんですよ。とにかく人件費が安い。この時期に進出しておけば、基盤ができるんですよ」

クリーン&グリーン……。それはリー・クアンユーという政治家からにじみ出てきた資質ではないか、という気がするのだ。一九八三年、リー・クアンユーはナショナルデーに、「大学を卒業した男性が、同じレベルの子供がほしいなら、教育レベルの低い女性を結婚相手に選ぶべきではない」という内容の演説をした。優生思想である。物議を醸したが、この発想はやがて制度化されていく。大卒の女性は、出産のとき、さまざまな恩恵を受けた。出産費用や勤務先の有給休暇、税金も軽減

シンガポール３日目。このグリーンもくすんで見えてくる？

された。子供はエリート校に優先的に入学できた。月収が低い低学歴の女性は、第一子や第二子を産んだあと、避妊手術を受けると、団地の購入資金の一部を国が負担してくれる制度もできた。リー・クアンユーのなかでは、それが明るい未来という文脈のなかで収まっているようだった。この話を知ったときに漂ってきたある種の薄気味悪さは、シンガポールを訪ねるたびに頭をもたげてきた。いまの首相は、リー・クアンユーの息子のリー・シェンロンだが、彼はシンガポールを支える外国人労働者をバッファーだといいきった。雇用の調整弁というわけだ。必要がなくなったら、シンガポールから出ていってもらうということになる。それを耳にしたとき、リー・クアンユーの顔がだぶってしまった。そして街を眺めると、クリーン＆グリーンだった。

シンガポール三日目。僕は街なかで投票所を探していた。その日はシンガポールの総選挙だったのだ。ジョー・チアット・ロード沿いの建物の周りに、「SG50」と書かれた提灯《ちょうちん》が連なって吊るされていた。二〇一五年は、シンガポール独立五十周年にあたっていた。市内のそこかしこに、提灯や幟《のぼり》が立てられている。そこが投票所だった。ふたりの警官が建物の前に立っていた。

前回、二〇一一年の総選挙で、野党は六議席をとった。八十七議席中の六議席だから、ほかの国の選挙から見れば、与党である人民行動党の圧勝である。しかし事実上、一党支配を続けてきた人民行動党にとっては歴史的な敗北だった。これを機に、リー・クアンユーは引退する。そして独立から五十年の二〇一五年、死去する。今回の選挙は、「リー・クアンユーの弔い戦」ともいわれていた。

歩道から選挙会場をぼんやり眺めていた。シンガポールの人々は、どちらに投票するのだろうか。

シンガポールがマラヤ連邦から追放される形で独立し、そこからアジアで最も高いGDPを示す国にまで発展した。その手法は別にして、当時のシンガポールの人々は、リー・クアンユーと危機感を共有した世代だった。それから五十年である。経済成長の波のなかで育ったシンガポールっ子が、二十代、三十代になっている。彼らはまた別の選択肢をもっているような気がした。

だが、シンガポールの三日目は、そう心を軽くはしてくれない。僕はこの街で、なんとか出費を抑えようとしていた。ホテル、交通費、食事……。そんななかで、二十代半ばのシンガポールっ子に出会った。彼女に訊いてみたいことがあった。雑貨や飲み物などをどこで買っているのかと思ったのだ。シンガポールは、ほかのアジアの国に比べるとセブン‐イレブンやファミリーマートというお馴染みのコンビニが少ない。最近のアジアは、イオンやカルフール、ロータスといった外資のショッピングモールが人気だ。しかしシンガポールでは、その種の店の存在感も薄い。

そこで返ってきた答は、フェアプライスだった。

「もう、毎日、フェアプライスです。やっぱりいちばん安い。二十四時間営業の店も多いですから」

彼女の友だちも皆、フェアプライスと口をそろえる。

昨夜、HDBのホーカーズに出かけた。そこでフェアプライスの店を見た。HDBのビルに囲まれた一画。市場の横にその店舗はあった。これまでも入ったことがあったかもしれないが、アジアの街によくあるスーパー程度に思っていた。ホーカーズを案内してくれた日本人が説明してくれる。

「シンガポールでは、やっぱりフェアプライスなんです。食料品はいちばん安い。飲み物もね。フェアプライスは、日本でいったら生協。でも圧倒的に安い。エクスプレスやチアーズっていうコンビニももっているしね。あまりにフェアプライスが強いから、外資のチェーン店が進出できないって話です」

調べてみた。フェアプライスは、シンガポールの小売店シェアの五五パーセントを占めていた。東南アジアを吹き荒れた重症急性呼吸器症候群、SARSのとき、

フェアプライス。ポリシーの割に前面に出る商売っけにちょっと戸惑う

値上げをしなかった。鳥インフルエンザのときは、卵の値段を下げてもいる。価格の抑制というポリシーが支持を得ていた。

フェアプライスの前身は、NTUCウェルカム・スーパーマーケットだった。NTUCは全国労働者組合会議の略称である。オイルショックやインフレに見舞われたとき、国民の不安を解消する目的でつくられたという。一号店はトア・パヨ店。これをつくったのが、リー・クアンユーだった。

そういうことなのだ。シンガポールの若者のなかには、その歴史を知らない人もいるかもしれない。しかし、なんの疑問もなく、フェアプライスで日々、買い物をしているのだ。そこまで、リー・クアンユーの思想は浸透していた。

考えてみれば、シンガポールっ子が、そして僕が毎日通うホーカーズにしてもそうなのだ。ホーカーズを所有しているのは、国家環境庁、シンガポール政府住宅公団、ジュロン・タウン公社の三機関である。共稼ぎが多いことと物価の高さのためともいわれるが、シンガポールの家庭では、料理をつくらない母親が多い。ホーカーズで食べていたほうが安いのだ。日曜の朝、HDBのなかのホーカーズに行くと、家族でテーブルを囲み、朝食を食べている光景をよく目にする。一家団欒がホーカーズのテーブルなのだ。ホーカーズの味が母の味なのである。

二〇一五年の四月から、新しい法律が施行された。午後十時半から翌朝の七時まで、店でアルコール類を飲むことができなくなったのだ。リトルインディアで起きた飲酒が原因の騒動がきっかけだったという。雑貨屋やコンビニでも、この時間帯は酒類を売ることができなくなった。

「ついに酒まできたか……」

この話を聞いたときは、そんな溜息が出た。しかしシンガポールにやってくると、すべての店にこのルールが適用されたわけではないことを知った。十時半以降もアルコール類を出す許可をとった店は大丈夫だった。バーで深夜まで飲むことまで禁止していたわけではなかった。店ではなかった。公の機関が所有するスペースにすぎない。許可を申請する店がないのだ。僕が根城にするホーカーズでは、夜十時半以降、ビールが飲めなくなってしまった。

しかしこの法律には、もっと厳しいルールも付随されていた。それは、「リカーコントロールゾーン」だった。これは週末、つまり土曜日の朝七時から、月曜日の朝七時まで、飲酒や酒の販売が禁止されるエリアだった。このルールは、僕の行動範囲を読んでいるようなところがあった。そのエリアに、リトルインディアとゲイランは指定された。

三日目の夜、リトルインディアに出かけた。商店街の中央、市場近くに、大きなホーカーズがあった。しかしこのホーカーズは、ほかとはずいぶん違った。インド料理を食べている人はいるのだが、大多数の男たちはビールだった。ビールホーカーズなのだ。

髭面の男たちが飲んでいるのは、キングフィッシャーやノックアウトというインドのビールだった。ロング缶が五ドル。安かった。テーブルの上を、この缶が埋めていた。

「ありますね。あれ……」

背後に表示が貼られていた。リカーコントロールゾーン。これが十時半以降、酒類を飲むことができなくなることはもちろん、週末もビールが飲めない表示だった。リトルインディア一帯は、そのエリアに指定されていた。

このルールの適用は、基本的に公道や公園などの公共の場が対象だという。そこでホーカーズ問題が浮上する。ホーカーズは個人所有ではなく、公の機関のものだ。公共の場ともとれる。法律が施行された当初、週末のリトルインディアとゲイランでは、酒類を自粛するホーカーズが多かったという。しかし警察が、「ホーカーズはいいだろう」と判断したのか、週末ルールはホーカーズ店内には及ばなかった。しかしゲイランのホーカーズに座ると、壁に店の見取り図が貼ってあることがある。テーブルは店内だけでなく、歩道らしきところまで置かれている。どのテーブルが公道の上に置かれているかわかる。つまりそのテーブルは週末ルールが適用されるということなのだ。客にしたら、どのテーブルでも大差はないのだが、ゲイランのホーカーズは厳格に守っている。警察に対する気遣いなのだろうか。

その夜、僕らはリトルインディアからバスでゲイランに戻った。時刻は十時をまわっていた。バス停から小走りで、前夜、夕食をとったホーカーズに向かった。こ

買ったばかりのスマホでインドへライン電話。うれしそう（リトルインディア）

リトルインディアでは、度数が高いインドビールが主流だ。けっこう酔う

のゲイランも、リカーコントロールゾーンに指定されていた。前夜、通りに掲げられた看板で知っていた。

その日は平日だった。週末ルールは適用されないが、夜の十時半以降はビールを飲むことができなくなる。あと十分で十時半……。息せき切って、ホーカーズの飲み物屋台に直行する。

「まだ飲めるけど……」

屋台のおじさんはそういいながら、タイガービールを売ってくれた。ビールを飲んでいる客は何人かいた。向かいのおじさんは、福建麺《ホッケンミー》という焼きそばを食べながら、グラスに注いだビールをぐいと呷《あお》る。

周囲を観察しながら、ビールを飲んだ。十時四十分。まだビールを飲んでいる客がいる。十時四十五分。おじさんがビールを飲み干して席を立った。十時半という時刻は厳密なものでもないらしい。やはりシンガポールはアジアなのか。それともゲイランだけなのか。

心が乱れた。だが、そんな僕らの視界にひとりの男が入っていた。阿部カメラマンも気づいたらしい。

「さっきから、あの男が気になってるんですけど。あの車の陰に立っている若い男。

Liquor Control Zone
From 1 April 2015, no consumption of liquor in public places
・From 10.30 pm to 7.00 am daily
・From 7.00 am on Saturday to 7.00 am on Monday
・From 7.00 pm on the eve of Public Holiday to 7.00 am on day after the Public Holiday
ゲイランとリトルインディアにはこの看板。しつこいぐらいに掲げてある

けっこう客が来て、なにか売ってるんですよ」

「バイアグラとか？」

「さあ……」

しばらく眺めていた。ショルダーバッグから、商品を出すところがチラッと見えた。

煙草だった。

シンガポールは、喫煙を規制する手段として、べらぼうに高い煙草代がつけられていた。ホーカーズの飲み物屋台は、煙草も売るところが多かったが、そこに表示された金額は九・九ドルから十三ドルといった値段だった。煙草ひと箱千円前後である。空港の免税店では二百円ほどで売っていた。ひと箱八百円という税金をとっているのだ。

「たぶん、あれ、煙草の密売ですよ。マレーシアのジョホールバルからこっそりもち込んだんじゃないかな」

「なにしろゲイランだからね」

「シンガポールの不良おじさんが集まる街だもんな」

目を凝らすと、客が渡しているのは五ドル札だった。半値近い値段で煙草が売ら

ゲイランのホーカーズ。ビールを飲めるテーブルが決められていることもある

こちらは境界線上ホーカーズ。ビールが染みる店でした

れていた。

周囲を見ると、テーブルの上にビール壜がなかった。僕らの壜は、とっくに回収されていた。十一時。これがゲイランの限界時刻ということだろうか。

「でも昨日の夜の店、どうして十二時五十分まで大丈夫だったんだろうか」

「そう、さっきから考えていたんだ。あそこに、リカーコントロールゾーンを示したゲイランの地図があるでしょ。あれを見たんですよ。あの店、たぶんぎりぎり。境界線上のホーカーズって感じですね」

「境界線上は十二時五十分?」

「そんなこと、ないと思うけどな」

「行ってみる?」

「あの欧米人のおじいさん、今日もいるかもしれない」

ゲイランを横切るように進む。途中、公園脇の暗がりに立つ街娼が声をかけてくる。いた。境界線上らしいホーカーズには、昨夜もいた老人が寂しげに座っていた。ゲイランの中心街の店は、十一時までしかビールを飲めないことを、彼は知っていたのかもしれない。時刻は十二時近かった。老人のビールは残り少なかった。今晩は、壜を片づけられる前に空にするペースで飲んでいる。

僕らはタイガービールを一本頼んだ。

テレビでは、今日の総選挙の特別番組が流れていた。レポーターが、やや興奮ぎみに喋り続けている。どこに集まっているのか、与党の支持者たちが気勢をあげている。

獲得議席数が表示されている。

PAP　83

WP　6

PAPは与党の人民行動党、WPは最大野党の労働者党である。総議席数は八十九議席である。

二〇一一年の選挙は、総議席数が八十七議席で、与党が八十一議席、野党が六議席だった。今回は議席数がふたつ増えた。その分を与党が獲得した。与党の得票率が増えたことになる。

六九・九パーセント——。

翌日のテレビは、与党の得票率を報じていた。ほぼ七〇パーセント。いまのシンガポールの人々の選択だった。

日本兵は自らチャンギ刑務所に収容された

シンガポールの街を歩いていると、「Crime Alert」という立て看板をときどき見かける。街角の歩道や通りの入口に多いだろうか。この場所で犯罪が起きたことを知らせる警告である。起きた犯罪の内容が、日時と一緒に英語か中国語で書かれている。シンガポールは治安がいいことになっている。実際、危ないと思うことはない。しかし犯罪はけっこう起きていることを、この看板が教えてくれる。

シンガポールで罪を犯すと、収監されるのがチャンギ刑務所だ。チャンギ空港の近くにある。

この刑務所を訪ねたことがある。なかに記念館があると聞いたからだ。

チャンギ刑務所……。戦争経験のある日本人ならピンと反応するはずだ。第二次大戦後、東南アジアで捕虜になった日本人のなかで、B級、C級戦犯はこの刑務所に送られ、裁判を受けたのだ。

チャンギ刑務所はイギリス植民地時代につくられた。当初は刑務所だったが、

犯罪が起きた表示はかなり目立つ。注意しなさい……ということだろうが

日本軍に占領されると、その役割が変わった。捕虜収容所になったのだ。日本軍との戦いで捕虜になったイギリス兵やオーストラリアの兵士はここに収容された。記念館というのは、その時代の記録をいまに伝えるものだった。

　日本人には抵抗感のある場所だろう。展示されている写真や品々は、日本軍の捕虜の扱いのひどさを訴えているからだ。インド人の傭兵を日本軍の兵士が射殺するシーンの写真もあった。やせ衰えた捕虜の暗い視線が訴えかける。記録によると、この収容所で死亡した兵士は、約八百五十人に及んだようだ。

　ここからタイと当時のビルマを結んだ泰緬《たいめん》鉄道の建設に駆りだされた兵士も

多かったという。

こういう記念館を訪ねると、足どりがぎこちなくなる。写真を撮ることもできなくなる。カメラマンと一緒に、この記念館に入ったが、互いに日本語で言葉を交わすことが少し怖かった。周囲の人々に、僕たちが日本人だとわかったときの反応に、つい神経質になってしまうのだ。

日本の敗戦は、この刑務所に収容される兵士を一変させた。イギリス人やオーストラリア人に代わって、日本兵が捕虜になってここに入っていったのだ。そのシーンを伝える記録もあった。日本兵は隊列を組んで進んでいく。日本兵は自ら捕虜になっていったのだ。

シンガポールは日本軍が占領したあとは、戦場にならなかった。日本の無条件降伏の報に、シンガポールに住んでいた日本人は動揺したという。イギリス軍が再上陸したのは、無条件降伏から二十日目だった。その間は、いってみれば戦争の空白期間だった。

日本軍はまず、自ら武装解除を行った。そして民間人の収容所をつくった。イギリス軍がやってくる前に日本人を一カ所に集めたのだろう。民間人の安全を確保するための最善策と判断したようだ。この事業が一段落すると、兵士は捕虜になるために、チャンギ刑務所に向かって行進していったという。

　東南アジアの各所に一時的な捕虜収容所がつくられ、日本への帰還が進んだが、B級、C級戦犯とされた兵士は、チャンギ刑務所に送られることが多かった。A級戦犯は日本での裁判になったが、それ以外の兵士はアジアで裁判が行われた。

　捕虜としてチャンギ刑務所に送られた日本兵の記録を読んだことがある。裁判を待つ間に精神に変調をきたし、自ら命を絶とうとする兵士もいた。

　アジアで裁判を受けた日本兵のうち、五千七百人が有罪になった。そのうち九百人以上に死刑判決が出たという。

第四章

シンガポール

マレーシア

海峡植民地

ニョニャ料理が伝える
おおらかな時代

シンガポールからマレーシアに向かうことにした。マレー半島を北上するルートだ。マレー半島側からシンガポールに入るときは、入国拒否というトラウマが頭をもたげるが、その逆ルート、つまりシンガポールからマレーシアへの越境は気楽である。マレーシアは日本人に対し、ビザがなくても九十日までの滞在を許してくれる。

インドシナ半島の国々のなかで、ビザなし九十日滞在を大盤振る舞いしてくれるのはマレーシアだけである。タイとシンガポールは三十日、ベトナムとラオスは十五日、カンボジアとミャンマーはビザが必要になる。

シンガポールからマレーシアへ向かうには鉄道とバスがある。ともにジョホール海峡に架けられた橋を渡る。昔、何回か鉄道を使ったことがあった。シンガポール側の駅は中心街にあった。しかしこの鉄道の出入国審査は妙だった。シンガポール駅で列車に乗り込む前に、出入国審査が行われるのだが、そこでパスポートに捺《お》されるのは、マレーシアの入国スタンプだった。何回か陸路での越境を経験した人はここで不安になる。

「まだ、シンガポールを出国していないんだが……」

ひとつの国を出国し、次の国に入国するのが、出入国の基本的な流れだ。しかしここでは、シンガポールを出国していない状態でマレーシアに入国してしまう。不安になった旅行者は、係官にためらいがちにたずねることになる。

「あの……、まだシンガポールの出国スタンプを捺してもらっていないんですけど」

「大丈夫。あとで捺されるから」

多くの旅行者が、〈これがアジアの曖昧というものなのか〉などと旅の日記に書き込むことになる。僕もそうだった。不安を残したまま列車は出発する。小一時間ほどのろのろと列車は走り、ジョホール海峡の手前で、シンガポール出国のスタンプを捺され、ようやく安堵するという列車旅だった。

しかしこの出入国スタンプの裏に、シンガポールとマレーシアの歴史が潜んでいた。マラヤ連邦から追放される形でシンガポールが独立した話はすでにお話しした。このとき、マレー鉄道はマレーシアの管轄と決められた。つまり、シンガポールのなかを走るマレー鉄道の部分だけマレーシアになった。線路幅の細長い土地と、シンガポール駅は、マレーシア領だったのだ。列車に乗る前に、マレーシアの入国スタンプが捺されるのは、ある意味、当然のことだった。

わかりやすい構造にするためには、シンガポール駅に入る前で、シンガポールの出国手続きを行い、列車に乗る前にマレーシアの入国スタンプを捺せばよかったのかもしれない。しかしそこで頭をもたげたものは、シンガポールの沽券《こけん》だったのだろうか。マレーシアへの対抗意識かもしれない。

シンガポールとマレーシア——。このふたつの国は、ともに発展していこうと肩を組める仲ではない。トルコとアルメニアほど不仲ではないが、互いの腹のなかには、簡単に手を組めないものが横たわっている。シンガポールは追放されたことを恨んでいる。マレーシアは発展するシンガポールへの妬みがある。シンガポールにしたら、線路の敷地はマレーシアかもしれないが、周辺はシンガポールと反発していたのかもしれない。

長い長い交渉が続いた。そしてようやく決着したのが二〇一〇年だった。その内容は、シンガポール領内のマレー鉄道の運行を終えるというものだった。ある意味、すっきりはしたのだが、シンガポール駅は廃駅になり、線路も使われなくなるのは寂しいことだった。

廃駅になったシンガポール駅。駅前ロータリーは駐車場になっていた

多くの人がシンガポール駅と呼んでいるが、これは正式な駅名とは少し違う。鉄道マニア流にいうなら、タンジョンパガー駅という。一九〇三年にシンガポールの別の場所で開業した。いまの場所に移ったのは一九三二年だった。当時はイギリス領だから、どこかヨーロッパの駅のような風情がある石造りだった。柱には彫刻が施されていた。鉄道の世界でいうと、ユーラシア大陸の最南端駅だった。旅行者にとっては、マレー鉄道の始発駅だった。一時、日本の若者の間で、バンコクとシンガポールの間を陸路で移動する旅が流行《はや》った。その頃、バンコクとシンガポールには、ユナイテッド航空と、い

まはデルタ航空になってしまったノースウエスト航空が就航していた。この二社が成田－バンコク、シンガポール－成田という安い航空券を販売していた。航空券用語でいうオープンジョーというチケットである。訳すと「開いたあご」である。空路を描くと、あごが開いたような形になることからつけられた名前だった。つまり、バンコクとシンガポール間の航空券はないわけで、その間は、陸路で移動することを前提にしていた。

バンコクからシンガポールまで南下すると、パスポートには、タイ、マレーシア、シンガポールという三カ国の出入国スタンプが捺された。それは短期間で味わえるバックパッカーの旅だった。世界を歩いたバックパッカーたちは、

「バンコクからシンガポール？　初心者コースだね。バックパッカー旅の触りというか、ゲームみたいなもんだね」

と鼻で嗤《わら》っていたものだが、その手軽さから、このコースを旅する若者が多くなるのが世のなかというものだ。日本の若者の間で一時、ブームにもなったバックパッカーの旅の人気コースになったのだ。

若者たちはバスや列車を使ってバンコクから南下していったのだが、列車旅を選んだ旅行者の終着駅がこのシンガポール駅だった。それなりの達成感もあったはず

だ。「ついにやった」とこの駅舎を見あげた若者も多かっただろう。

その駅が廃駅になってしまった。二〇一五年のはじめ、この駅を見にいったことがあった。駅舎は博物館になると聞いていたからだった。激しい雨が降っていた。地下鉄のタンジョンパガー駅から、ビルの谷間を傘をさして歩いていくと、懐しい駅舎が高速道路の高架脇に建っていた。昔のままだった。しかし駅の周りには金網状のフェンスが張りめぐらされていた。すき間から駅舎をのぞくと正面にはめ込まれた時計が見え、針がいまの時刻を示していた。廃駅になっても、時計だけは動いていた。

フェンスに沿って歩くと、「For Rent」の看板がいくつも掲げてあった。賃貸物件になっていた。その下には連絡先もある。シンガポールとマレーシアの交渉が終わった翌年、この駅に列車が停まることはなくなった。それから四年の年月が経っていた。博物館として保存することは決定事項だというが、その事業を請け負う企業がないのだろうか。

さらにフェンスに沿って進むと、ホームが見えた。フェンスは西方向に向かって延々と続いている。線路の敷地にも借り手がついていないのだろう。幅にして十メートルほどの敷地がシンガポールの島を貫き、ジョホール海峡まで延びている。使いづらい土地なのだ。道路にするぐらいしか使い道はないのだが、既存の道路とのつながりもある。線路の敷地は、その用途を終えると無用の長物と化してしまう。

現在、シンガポール内のマレー鉄道の駅は、国境であるジョホール海峡の脇、シンガポール側にあるウッドランズにある。シンガポールの中心街から向かうと、地下鉄に延々と乗り、さらにバスに乗り換えなくてはならなかった。

マレーシアのジョホールバル行きのバスは地下鉄のブギス駅近くから出ていた。昔からそこに小さなバスターミナルがあった。そこに行くと、長い列ができていた。

「今日は土曜日か」

阿部カメラマンと顔を見合わせた。週末、物価の安いマレーシアに、日用品を買いにいくシンガポールの人は少なくなかった。シンガポールの店に並ぶ品々はマレーシアから運び込まれたものが少なくない。シンガポールに入ったとたん、ポーンとその値を上げてしまうわけだから、その元で買ったほうが安いのだ。これを派手にやると密輸ということになるのだが、個人がもち帰る程度なら許されているものも多かった。しかしガソリンは別で、シンガポールからマレーシアに向かう車のタンクには、四分の三以上のガソリンが入っていなければ出国できなかった。マレーシアの安いガソリンを入れることを防ぐためだった。

週末の買いだし。香港と深圳《シンセン》の境界がそうだった。一時、週末の境界は、物価の安い深圳に向かう香港人で混みあった。もっともその後、深圳の物価が上がり、中国人が香港に買いだしに来ることも起きた。しかしシンガポールとジョホールバルの国境は、昔から一方通行である。

バスは十分おきという間隔で発車していく。百七十番という番号が振られたこのバスは、ほとんどのシンガポールっ子が知っているという。三十分ほどでジョホール海峡に着き、流れ作業のように出国審査と入国審査が進んでいく。乗客の大半はマレーシアの入国審査が終わるとどこかへ行ってしまった。ジョホールバルのイミグレーションは街に隣接している。そのまま買いだしに向かったようだった。終点のラーキンバスターミナルまで行くのは、バス一台で僕らを含めて四人だけだった。

突然のアジアだった。シンガポールもアジアだが、別格の国だった。僕が慣れ親しんだアジアは、路上に排ガスのにおいが漂い、車は渋滞に巻き込まれ、歩道には許可をとっているのかいないのかわからない屋台が並ぶ世界だった。イミグレーションからラーキンバスターミナルまでは、シンガポールだったら五分で着くほどの距離のように思う。しかし渋滞のなかをのろのろ進み、二、三十分かかってバスターミナルに着いた。バスの降り口にさしかかった瞬間、「クアラルンプール!」「マラッカ！」という男や女の声が響いてきた。路上には、バス会社の客引きが待ち構えていたのだ。このバスは四人しか乗客がいなかったが、その三倍以上の客引きが集まってきた。そのなかに降りるということは、狼の群れのなかに放り込まれた羊のような状態になってしまうのだ。

そのとき、僕の背筋はシャキッと伸びた。客引きの声が、アジアを歩くというスイッチを入れてくれた。いったいいままで、何回、狼の群れのなかの羊になっただろうか。バスの降り口、列車が停車したホーム、空港の出口、船着き場……。客引きやタクシードライバー、リキシャのおっちゃんといったその日暮らしの男たちが発散するエネルギーが、一銭でも多く客からせしめてやろうという狡猾な色を帯びてマグマ溜《だま》りのように渦巻いているのだ。こういう男たちとの対処法はいくつかある。中東では、端から料金を訊きはじめると、なぜかサッカーのフリーキックのときのように男たちは横に並びはじめる。その順番に微妙な駆け引きがある。最後から三番目ぐらいの男が最安値を口にすることが多い。

「まず飯を食う」という言葉も効く。

「そうか。そりゃ、そうだ。十時間もバスに乗ってきたんだ。腹が減って当然だ」

一瞬のうちに声はおさまり、なんとか客にしたい運転手の先導で、ターミナルの

ジョホールバルの国境。週末、マレーシア側への買いだし渋滞

隅にある安食堂に向かうことになる。彼らと渡りあってきた旅が、瞬時に蘇ってくる。

インドや中東に比べれば、ジョホールバルの客引きはおとなしく、腕を引っぱるほどではなかったが、つい二時間ほど前までいたシンガポールは、客引きをみつけることのほうが難しい国だった。代わりにスマホを自分でいじって安い乗り物を探さなければならなかった。あまりに穏やかな世界からやってくると、ジョホールバルのラーキンバスターミナルは十分にアジアだった。

周囲を見渡した。埃っぽさが浮きたち、ここでもまたアジアのスイッチが入る。バスターミナルがゴミで溢れかえっていたわけではない。カンボジアやバングラデシュのバスターミナルに比べれば清潔そのものだ。しかしクリーン&グリーンの国からやってくると、やはり汚い。そう、グリーンも少ないのだろう。それが埃っぽさを生んでいるのかもしれない。

ジョホールバルに入ると、シンガポールより気温が二、三度高くなるような経験は何回か味わっていた。狭い海峡を挟んで隣接しているわけだから、気候条件に大差はない。やはりグリーンだった。もっとも今回は、この一帯をヘイズが覆っていた。いくらシンガポールがグリーンに走っても、空を包む煙や排ガスには勝てないのだろう。気温の差はそれほど感じなかった。

客引きを蹴散らす常套手段である〝飯〟を使った。客引きは皆、納得したような顔で別のバスに移っていく。実際昼どきだった。ターミナルの隅に、ぶっかけ飯の食堂があった。ご飯の上に、好みのおかずを載せる店である。シンガポールでいうところのエコノミーライスである。阿部カメラマンとテーブルを挟んで飯をかき込む。

「なんだか、下川さんの足どりがしっかりしてきましたね」

なんと答えたらいいのだろうか。こういうアジアが肌に染み込んでいるということか。たしかにシンガポールでは、道を歩きながら、妙な違和感にとらわれていた。

マラッカもヘイズ。マレーシア、シンガポールではマスクは必需品？

若い女性にとってマスクはおしゃれアイテム。おばさんになると白くなる

端を歩かないと誰かに注意されそうな不安……。マレーシアでは、道の中央を歩いていいわけではないのだが。

マラッカに向かうことにしていた。そしてその足でペナンへ。マラッカとペナンは、これまでも何回か訪ねていた。タイのバンコクに暮らしていたときは、ペナンにあるタイの領事館で、何回かビザをとった。

しかし今回は別の思いがあった。

海峡植民地である。

オランダの衰退と入れ替わるように、イギリスはこのエリアに侵出する。当時のイギリスは、マレー半島に積極的に介入する政策をとらなかった。インドネシアや中国を見すえ、その中継貿易港の役割をもたせようとする。いってみれば、本格的にアジアに分け入っていく橋頭堡《きょうとうほ》だったのだ。

まずペナンが植民地になる。イギリス東インド会社領という名目だった。一七八六年のことだ。その九年後、マラッカを植民地化する。そして最後にシンガポールが植民地になる。一八二四年である。イギリスは四十年ほどをかけて、海峡植民地を完成させた。

それぞれのエリアの経緯は違っていた。ペナンはイギリスや東インド会社お得意の二枚舌を使った。ペナンは長く、イスラム系のクダ王国の領土だった。クダ王国はタイのアユタヤ王朝など、北側の勢力に脅かされていた。その後ろ盾としてイギリスの東インド会社に頼った。北側勢力が攻め入ってきたときは、東インド会社が援軍を出すという言葉と引き換えに、ペナンを貸すのだ。島というエリアに限定して、外国人の居住を許していく。島だから、本土へ影響を制限でき、監視も難しくない。そのあたりの発想は、長崎の出島に似ている。もっともペナンと出島では、その規模はかなり違うが……。

しかし東インド会社は、その上をいく狡猾さを秘めていた。もともと租借料など払うつもりはなく、クダ王国への援軍も送らなかった。そもそも、東インド会社が戦争にかかわるためには、イギリス政府の許可が必要だった。援軍など無理な話だった。クダ王国は騙されたのである。

このイギリスの二枚舌は、第二次大戦後の世界各地にとり返しのつかない問題を残すことになる。アラブ諸国とイスラエルの軋轢《あつれき》も、その経緯をたどっていくとイギリスの狡猾さが見えてきてしまう。

マラッカはまた事情が違っていた。マラッカ王国ができたのは一三〇〇年代末である。マラッカは中国、当時の明《みん》との関係を築くことで繁栄していく。朝貢貿易である。このシステムは、まずマラッカが明に貢ぎ物を贈り、その見返りとして明からの物品の貿易を行うというものだった。日本では沖縄、当時の琉球王国がこの貿易で栄えていく。この貿易の特徴は、単なる貿易とは違い、両国の間に、ある種の安全保障の関係があることだった。マラッカが明に貢ぎ物を贈るということは、明に従うという意思表示だった。そこには、いざというときには明が出兵することが含まれていた。マラッカは明との同盟関係のなかで栄えていくのだ。明の永楽帝《えいらくてい》は海軍大将である鄭和《ていわ》に指示を出し、アフリカまで遠征している。そのときも明の艦隊はマラッカに寄港している。

栄えるマラッカは、アジアに侵出してきたポルトガルに目をつけられてしまう。明の国力が衰退していくなかで、一五一一年、ポルトガルに征服され、一五二一年にはマラッカ王国は滅亡する。その後、台頭してきたオランダがマラッカを占領する。マラッカは、ヨーロッパ列強のパワーバランスの映し鏡のようだった。そしてイギリスの侵出がはじまる。マラッカ海峡の対岸にあるスマトラ島のアチェ王国を植民地にするのだ。そこでオランダとの間に協約が結ばれる。一八二四年、それぞれの植民地の交換が行われた。アチェはオランダ領になり、マラッカはイギリス領

運河に沿って砲台が並ぶ。以前はここまでが海。マラッカは埋め立ての街だ

運河沿いの水車。ただし世界遺産とは無関係。紛らわしいモニュメントだ

になった。マラッカ海峡を境に、西側がオランダ領、東側がイギリス領になる。まるで陣とりゲームである。

シンガポールに着目したのは、イギリス東インド会社の社員としてペナンに派遣されたトーマス・ラッフルズだった。シンガポールはかつてマラッカ王国の一部だった。しかしマラッカ王国はポルトガルの攻撃を受け、その一部がシンガポールに避難する。そのシンガポールにもポルトガルは徹底的な攻撃を加え、壊滅状態に陥ってしまう。一五一三年のことだ。それ以来、シンガポールは漁村があるだけの寂しい島になっていく。それから約三百年後、ラッフルズが上陸するのだが、当時の人口は百五十人ほどだったという。

そのあたりは、同じイギリスの植民地になった香港とよく似ていた。占領した香港島に対し、イギリス本国は、「そんな不毛の岩山を占領してどうする」と伝えたという。香港島もシンガポールも、海岸線に小さな漁村があるだけの島だったのだ。

領土でいえば、シンガポールはマラッカ王国の王族がつくったジョホール王国の一部になっていた。ラッフルズはジョホール王国からこの島の割譲をとりつける。ジョホール王国にしたら、どうでもいい島だったのかもしれない。一八二四年、シンガポールは正式にイギリスの植民地になった。

アヤム・ブアクルア。中国とマレーを煮込むとこうなります

シンガポール、マラッカ、ペナン……。イギリスはこの三つの植民地を一括して統括し、Straits Settlementsと名づけた。海峡植民地である。はじめ、その行政府が置かれたのはペナンだった。海峡ドルという通貨もできた。一八三二年以降、その中心はシンガポールに移っていった。

「これがニョニャ料理?」

そら豆の倍ほどもある木の実の殻のなかに入った固形物をスプーンでほじくり出しながら、首を傾げる。

「木の実のなか身を出して、そこに味をつけて、また詰めて煮込んだわけでしょ。手がかかっているけど……」

「ただ煮込めばいいってもんじゃないと

いうか……」

「これ、アヤム・ブアクルアっていう料理らしいです。ニョニャ料理の代表料理って書いてあります」

店のWi-Fiをつなぎ、スマホで検索する阿部カメラマンが伝えてくれる。

「店の人に、どれがニョニャ料理って訊いたら、全部ニョニャ料理だっていわれたんだ。でも、これがおすすめだって。これだけ手が込んでいて、四百円ほどって、安いよな」

ニョニャ料理をつくり出したのは、海峡植民地時代、シンガポールやマラッカ、ペナンに移り住んだ華人だった。彼らやその末裔はプラナカンと呼ばれた。現地語では男性はババ、女性はニョニャといった。ニョニャ料理の由来だった。

イギリスが植民地経営の政策のなかで重視したのは自由貿易だった。関税をかけなかったのだ。シンガポールや香港が発展していった要因のひとつだった。同時に、イギリスは流入する移民にも制限を加えなかった。

東南アジアに拠点をつくったイギリスは中国へと船の舳先を向けていく。やがてこの動きは、清《しん》末期のアヘン戦争へとつながっていくのだが、その混乱のなかで、多くの中国人が国を離れた。めざしたのは香港や海峡植民地だった。東南アジアのイギリス植民地は華人で溢れることになる。プラナカンとは、こうして東南アジアに住みはじめた華人だった。あとでも触れるが、シンガポールからマレーシアにかけて暮らす華人は、ふたつのグループに分かれる。ひとつは商売ができる場所を求めて移住したグループ。もうひとつは、スズ鉱山の労働者としてやってきた人々である。プラナカンは前者である。海峡植民地政府にもくい込み、地位を得ていく。プラナカンが海峡華人ともいわれるのはそのためだった。

気になっていたのは、華人とマレー人の関係だった。そこには諸説がある。華人とマレー人の結婚が進み、その子孫たちがプラナカンと呼ばれるようになったという混血説の一方で、華人とマレー人の結婚はそれほど進まなかったという説もある。

理由は宗教だった。

東南アジアのなかで、華人との結婚が最も進んだエリアはテーラワーダと呼ばれる上座部仏教圏やベトナムである。上座部仏教は日本では小乗仏教ともいわれ、タイ、ラオス、ベトナム、ミャンマーに広まっている。そのなかで華人との融合が最も進んだのはタイだといわれる。国連などの調査によると、タイ人の約七割は中国人の血が入っているという。中国人と上座部仏教徒の間には、宗教的な障壁がないからだった。

しかしマレー人の社会は違った。マレー半島のイスラム化は、十三世紀頃からはじまったといわれる。植民地時代には、すでにイスラムは定着していた。イスラム教がほかの宗教と違うのは、異教徒がイスラム教に改宗しないと結婚できないことだった。ハードルがかなり高いのだ。しかし当時のイスラム教の浸透は不完全で、いくつかの戒律も守られてはいなかったという説もある。しかし結婚までは進まなかったとしても、華人とマレー人の融合はかなり進んでいったような空気が伝わってくるのだった。

後に触れることになるが、いまのマレーシアは、マレー人優遇政策も手伝い、マレー人社会と華人社会の関係はぎくしゃくとしている。それに比べれば、もっとおおらかな世界が、海峡植民地には築かれていたような気がするのだ。その残り香のようなものを感じとってみたかった。シンガポールからマラッカ、そしてペナンを歩いてみようと思ったひとつの理由でもあった。

シンガポールの地下鉄パヤ・レバー駅近くからはじまるジョー・チアット・ロードを歩いていた。このあたりは、シンガポールの昔からの建物が残っている。プラナカン建築である。一階が店舗、二階が住居というショップハウス形式である。プラナカン建築は、都市化のなかで生まれた様式らしい。庭のある一軒家ではなく、商店街が長屋のように続いている。一階の店舗はレストランやカフェになっているところが多い。食べ歩きに訪れる人も多い一画だと聞いたことがある。

一本道を十五分ほど歩いただろうか。クーン・セン・ロードとの交差点に出た。プラナカン建築の建物がぎっしりと連なっている。家々には建てられた年号が残されている。「1928」「1934」……。どれも第二次大戦前に建てられていた。シンガポールを攻める日本軍とイギリス軍との間で戦闘はあった。しかしそれは限られたエリアだった。その後は戦場になっていない。プラナカン建築の建物はそのまま残ったのだ。

クーン・セン・ロードを左に向かうと、その両側に、明るい色調で飾られた建物が連なっていた。二階部分の壁は花房をかたどったタイルがはめ込まれている。観音開きの窓の周囲は花模様のレリーフで飾られている。鮮やかな色彩が赤道直下の太陽に輝いていた。

少女趣味とも見えなくもない外観に違和感を覚えた。海峡植民地はアヘンに支えられていたからだ。自由貿易を標榜するイギリスは、関税を課さなかったが、植民地を経営するための収入を確保しなくてはならなかった。そこで目をつけたものがアヘンだった。プランテーションで働く男たちは、その労働のつらさを忘れるためにアヘンを常用した。植民地政府はアヘンの輸入と個人販売を禁止する法律をつくり、アヘンの利権を政府だけのものにした。そして競売を行い、高い値をつけた業者に売ったのである。業者はそれを精製し、アヘン窟やプランテーションの経営者に売っていた。植民地政府に入るアヘンの収入は、多いときで全収入の五五パーセントを超えたという。

アヘンを精製し、販売していった店舗が、プラナカン建築の一階にあったはずである。このショップハウスは、奥行きのある構造になっている。奥に精製スペースがあったのだろうか。店には精製に使われる酢酸のにおいが漂っていたのかもしれない。

アヘンをカモフラージュするために外壁に花模様？　いや、アヘンが誘う蠱惑《こわく》の世界が、優しい花房の色あいと重なったというのは考えすぎの気がするが。

マラッカでもプラナカン建築の通りを歩いてみた。マラッカのそれは、シンガポールのような華やかさはない。一階には重そうなよろい戸がはめられている。この奥がアヘン窟といわれれば、なんとなく納得できる気がする。

マラッカはこれまで、七、八回は訪ねていると思うが、世界遺産に登録されてから、街の雰囲気は一変してしまった。プラナカン建築の建物は修復され、柱や扉は

運河周辺はこんなふうに整備された。散歩にはいいが、風情は消えた

赤褐色に塗られ、そこが夜になるとライトアップされるようになった。これが往時の色だったのかもしれないが、昔のひなびた街並みを知っている目には、世界遺産というテーマパークのようにに映ってしまうのだ。街なかを流れていた運河も整備され、流れに沿ってカフェやゲストハウスが並ぶようになった。

やってくる観光客も急に増えた。世界遺産効果を目のあたりにする思いだった。

マラッカを訪ねたのは土曜日だった。安ホテルのおばちゃんがこう教えてくれた。

「今日はナイトマーケットだから賑や

かになるよ」

日も落ち、旧市街のハン・ジェバット・ストリートに行ってみた。別名、ジョンカー・ストリート。この名前のほうが有名かもしれない。幅にして五メートルほどの通りだが、その両側にプラナカン建築のショップハウスが連なっている。土産物屋やカフェが並ぶ、マラッカ旧市街一の繁華街だった。

通りは賑やかどころではなかった。路上には屋台型の夜店が並び、その間を観光客がぎっしりと埋めていた。聞こえてくるのは普通話《プウトンホア》ばかりだった。中国大陸からの観光客が大挙して押しかけていたのだ。マレーシアのLCCであるエアアジアは、中国の中都市路線を増やしていた。空港で表示される行き先には、重慶、成都、西安……といった都市が並ぶ。それらが到着するクアラルンプールからマラッカまでは、バスで二時間ほどだ。気軽に訪ねることができる世界遺産なのだ。

歩くのもままならないような人混みのなかを、ぐいぐい歩くのは、大陸の中国人の得意技である。プラナカン建築を見ようと路上に立ち停まると、彼らに押され、海峡植民地の時代に思いを馳せるなど、とてもできなかった。僕は人混みを抜け、ふーッと溜息をついた。再びジョンカー・ストリートに戻る気力もなく、運河に近い一軒の店に入ったのだった。

ジョンカー・ストリートのナイトマーケット。人混みの世界遺産（マラッカ）

アヤム・ブアクルアという料理を舌に乗せ、阿部カメラマンとともに腕を組む。

「かすかだけど、八角の風味もしますよね」

「でもベースの味はココナツミルクが効いている」

たしかに中国料理とマレー料理が融けあっていた。しかしどれもしっかりと煮込んであるから、ぼんやりと食べていると、味が複雑な煮込み料理で終わってしまう。素材の味を生かすという日本の料理で育った舌には、なかなかの難物なのである。

「アヤムって鶏肉でしょ。イスラム教徒の戒律を考えてるってわけか。でも、それだけじゃ満足できないから、中国流の香辛料を加えているわけだ。つまり、華人とマレー人が同じテーブルについたとき、食べることができる料理は、こうやって煮込むしかなかったってことだろうね。イスラム教に改宗しても味覚までは変えられないから、この味に辿り着いたって考えてもいい」

「なにか香港で飲んだ紅茶コーヒーを思いだしちゃいましたよ。あれは紅茶だと思って飲むと紅茶で、コーヒーだと思うとコーヒーになる。ニョニャ料理も中華だと思うと中華だけど、マレー料理だと思うとマレー料理。考えながら食べるから、けっこう疲れます」

「結局は相容れないってこと?」

マレー鉄道の車窓にはアブラヤシのプランテーション。マレーシアの定番風景

乗った列車の売店スタッフはオカマちゃんだった。マレーシアでも増えている

「いや、紅茶コーヒーよりは混ざりあっている……」

プラナカンたちがつくりあげたのかもしれない、のびやかな社会。それは僕の推察のレベルにすぎないのだろうか。ニョニャ料理から、あの時代を蘇らせることは難しそうだった。

マラッカからバスでクアラルンプールへ出、そこから列車でバターワースに向かった。ペナンはバターワースの対岸にある。

列車がバターワースに着いたのは夜の十時前だった。この時間帯になると、ペナンに渡るフェリーも少なくなる。ペナン島とマレー半島は橋でも結ばれている。二〇一四年、二番目の橋もできた。

はじめてペナンを訪ねたとき、橋はまだなかった。フェリーだけが頼りだったのだ。その頃のイメージが、僕のなかで刷り込まれてしまった気がする。やはりペナンにはフェリーで渡りたかった。

はじめてペナンを訪れたときは、バンコクから陸路で南下してきた。その頃はまだタイにも詳しくはなく、タイ語を理解することもできなかった。そんな旅人だった僕が、ペナン島に上陸したとたん、ひとり呟《つぶや》くことになる。

「ここは楽だ……」

バターワースのフェリー乗り場近くの飯屋。好みのおかずを勝手に盛る

料金は飯屋のおばちゃんが一瞥して決まる。これで5リンギット、約140円

ペナンは英語が通じたのだ。いまになってわかってきたが、ペナンの人々が特別に英語がうまいわけではない。しかし日常会話としての英語を、すっと口に乗せてくれた。僕にしても、英語がうまいわけではなかったから、ちょうどよかったのだ。タイから南下し、マレーシアに入るという道筋は、アジアの旅だった。身ぶり手ぶりで意思を伝え、よくわからないままにバスに乗った。それはマレーシアに入国してからも同じだった。ところがペナンに渡ったとたん、突然にインターナショナルな世界に放り込まれた気がした。フェリーに二十分ほど乗っただけで、別世界に入ったような気がした。

フェリーターミナルから歩いて十五分ほどの一画からゲストハウス街がはじまった。どこも英語で対応してくれる。街を欧米人のバックパッカーたちが歩いていた。食堂を埋めるのも欧米から来た若者たちで、テーブルの上には何本ものビールが並んでいた。この一画に流れる空気は、マレーシアではなかった。

ペナンがアジアを歩くバックパッカーたちの中継地になっていることを知った。ゲストハウスに挟まれるように店を出す旅行会社の前には、ペナン空港発の格安航空券の運賃がズラリと並んでいた。

いまにして思えば、それが海峡植民地の伝統なのかもしれなかった。海峡華人、

ペナンのチャイナタウン脇のモスク。朝、ここからのアザーンで起こされた

つまりプラナカンのなかには、中国語より英語のほうがうまい人も多いという。移民の流入に対して特別の制限を加えなかった海峡植民地には、さまざまな肌の色の人々が暮らしていた。中国から移り住んだ人々が多かったが、ほかにインド人やアラブ人もいた。マレーシア国内の治安も安定せず、マレー人の流入も多かったという。この島にやってきた中国人は福建人が多かった。いまのマレーシアでは、ペナンとクアラルンプールの華人人口が多いが、ペナンは福建系、クアラルンプールは広州系に色分けされている。福建系中国人と広州系中国人を比べると、福建系の人々のほうがのんびりとしている。さまざまな国籍の人々が暮らし、その主要民族である華人はのんびりとした福建系中国人……。そのあたりから、ペナンという海峡植民地の風土が形づくられていった気もする。

当時の記録を見ると、華人とイスラム系、つまりマレー人やアラブ系商人たちは同じテーブルについていたことがわかる。ある時期、海峡植民地の通貨をめぐって問題が起きた。スマトラ島のアチェとのコショウ貿易の支払い通貨をめぐるルールづくりだった。これをめぐって、ペナンの華人商業会議所が会議を開いているが、そこには華人のほかに、イスラム系商人が十数人加わっていたという。海峡植民地ペナンが、最も輝いていた時期かもしれなかった。

ペナンには規模の小さなリトルインディアがある。100歩で終わるリトルさです

ペナンのインド風朝食。マレーシアでは朝、このパターンになることが多い

しかしこのペナンは徐々に衰退していく。直接的にはシンガポールの台頭である。最初はペナンに置かれた海峡植民地の行政府もシンガポールに移っていく。一度、バターワースからタクシーでペナンに渡ったことがあった。そのとき、運転手はこう説明してくれた。

「ペナン島はシンガポールより大きいんですよ」

一瞬、その答に詰まった。いまとなってみれば、ペナンとシンガポールの差は明らかだった。シンガポールは、そのひとり当たりの名目GDPが日本を超える勢いだというのに、ペナンはマレーシアという国のなかにある島にすぎない。日本人の意識のなかでも、シンガポールはペナンのはるか上方にある。運転手はもしかしたら、ペナンの出身かもしれない。彼のなかでは、いまだにシンガポールへの対抗意識がくすぶっているようだった。

しかしもう少し大きな歴史の流れで見れば、ペナンの衰えは、海峡植民地の衰退だった。自由貿易にこだわった海峡植民地は、イギリスにしたらあまり利益を生まない植民地だった。自由港だからこそ、多くの人々が集まってきたのだが、関税をとることができなかったのだ。

そしてイギリスは、大きな政策転換に踏み込むことになる。それまでの植民地経

バックパッカー街の面影を残す店で17リンギットもするビール。500円弱。高い

営には、現地への非介入政策が貫かれていた。しかしそれでは収入に限界があった。一八七四年、イギリスはマレーシアのペラ王国と結んだパンコール協約を機に、マレー半島への積極的介入を開始するのだ。イギリスは次々に周辺の王国に介入していく。そして、直接に統治する海峡植民地と、間接的に統治するイギリス領マラヤという構造ができあがっていく。

　それは自由港としての海峡植民地から、植民地国家としてのマレーシアへ移っていくことを意味していた。国家という枠組みは、海峡植民地に生まれたプラナカンのおおらかさを削《そ》いでいくことになる。それは国家というものがもつ宿命でもある。

すっかり人通りもなくなったフェリーターミナルから、ゲストハウス街に向けてとぼとぼと歩く。リトルインディアを抜け、通りの両側にゲストハウスやカフェが並ぶ一帯に出た。宿に荷物を置くと、それが儀式であるかのように、近くの食堂に入ってビールを飲んだ。隣のパブでは欧米人たちが騒いでいるが、この一帯には、かつての賑わいはない。バックパッカーが集まった時代は終わりつつある。LCCの発達で、バックパッカーたちの拠点はクアラルンプールに移ってしまったという。最近のペナンは企業誘致に力を注いでいる。アニメーション産業にも力を入れ、アニメバレーという一画もあるのだという。しかし、そのエリアは、ペナンの旧市街とは少し離れているようで、ゲストハウス街には、どことなく寂しげな空気が流れている。

ビールを飲みながら、目の前にあるプラナカン建築の店を眺める。しかし一階のシャッターはおろされ、二階に電気も灯っていない。空き家になってしまったのかもしれない。

その前に、二台の自転車リキシャが停まっていた。観光客も少ないのか、車夫は座席の上で眠り呆けている。そんな風景が似合う街になってしまった。

『マレー蘭印紀行』に描かれる華人とマレー人

旅に持っていく本という質問をときどき受ける。バッグのなかに忍ばせ、空港やホテル、いつ来るのかわからないバスをターミナルで待つ間に開く本という意味だ。

僕はだいたい、金子光晴の『マレー蘭印紀行』（中公文庫）をバッグのなかに入れている。薄い文庫本である。鞄に入れていてもじゃまにはならない。

文章は豊饒である。

——川は、森林の脚をくぐって流れる。……泥と、水底《みなぞこ》で朽ちた木の葉の灰汁《あく》をふくんで粘土色にふくらんだ水が、気のつかぬくらいしずかにうごいている。

こういう書きだしで、『マレー蘭印紀行』ははじまる。

いつも溜息をつく。こんな文章を書くことができたら……。読みながらいつもそう思う。

金子光晴は一九二八年、妻の三千代と一緒に上海に向かう。世界を見ようなどというもくろみはなにひとつなかった。別の男に走った妻を連れ戻し、ほとぼりが冷めるまで日本を離れようとしただけだった。妻を誘いだす口実はパリ行きだった。しかし金子にはまったく金がなかった。そんな状況で、とりあえず上海に渡るのだ。しかしふたりの旅は三年九カ月も続いた。

いいかげんな男である。

生前の金子光晴に一度だけ会ったことがある。僕は大学生で、同人誌に加わっていた。そこに金子光晴が寄稿してくれることになり、その原稿を自宅にとりにいったのだ。吉祥寺の一軒家だった。金子光晴は、原稿を手に、のろのろと玄関に出てきた。息を引きとる一年前ぐらいのことだったように覚えている。

上海から東南アジアに向かったふたりは、金の工面に走る。怪しげな絵を売るなどしてやっと用意できたのは、パリまでのひとり分の船賃だけだった。とりあえず、妻の三千代が先にパリに向かった。

妻を送りだし、金子はひとりでマレー半島を歩く。その日々をまとめたのが、『マレー蘭印紀行』だ。ようやくひとりになれた解放感と先行きのない寂しさ。読んでいくと、どこにもいそうなひとりの男の顔が見えてくる。

金子光晴がマレー半島を歩いたのは一九二九年のことだ。当時のマレーシアやシンガポールはイギリスの植民地だった。海峡植民地がイギリスの直轄領で、半島の王国は保護下に置かれていた。
『マレー蘭印紀行』には、イギリス人は登場しない。ゴムのプランテーションや鉄の鉱山を経営する日本人を訪ねていくのだが、描かれるのは華人とマレー人だ。

——彼らは、はるばる広州から、または福州から、瀛州《えいしゅう》から、この密林のおくまで金銭を搾出しにきた。彼らは、裸で稼ぎ、彼らはすべての慾望をおさえ、貯《たくわ》える。

——銭放れがいゝというよりも、節制することができないでつまらぬものに使いすてる習癖のある馬来人《マレー》は、徹底した刹那主義のうえに、猿悧《さるり》巧《こう》、懶惰《らいだ》、無責任、淫縦《いんじゅう》などの美徳を具《そな》えもっている。

当時のマレー半島に流れていた空気が伝わってくるような気にもなる。
金子光晴が拠点にした街のひとつにバトゥパハがある。ジョホールバルとマラッカの間ぐらいだろうか。この街を訪ねたことがある。
川沿いには、彼が泊まった日本人クラブの建物も残っていた。周辺には建てられてから八十年以上たつ建物がいくつも残っていた。川沿いにいた漁師に頼み、船を出してもらった。金子光晴はここから川を遡り、スリメダンを訪れていた。当時はそこに、日本人が経営するゴム園や鉄鉱石の採掘場があった。いまでも細々と鉄鉱石の採掘が続いていたが、スリメダンに当時の面影はなかった。しかしそこまでの川に沿った風景は、きっと当時のままと思えるような濃密さだった。

第五章　マレーシア

コタバル

マレー人たちの小宇宙へ

「マレー人たちの小宇宙……」

コタバルの市場の二階の食堂街を歩きながら、そんな言葉が浮かんできた。テーブルの上から箸が消えた。いや、それだけではない。スプーンやフォークもみあたらない。皆、テーブルの上に皿や油紙を敷き、手を器用に使い、おかずをまぶしたご飯を口に運んでいる。男性だけではない。女性も子供も。

手で料理を食べる——。日本人ならインドを思い起こすだろうか。しかし東南アジアでも、手で米を食べる人は少なくない。ミャンマー、インドネシア、そしてマレーシア。街の食堂に入ると、ときどき見かける。しかしテーブルには、スプーンやフォーク、箸を入れたケースが置かれている。その人の好みといった雰囲気もある。しかし、コタバルの市場に、朝食を食べるために集まった人々は、みごとなまでに手で食べている。

ご飯は圧倒的にナシレマである。これは米にココナツミルクや塩などを加えて炊いたものだ。そこに小魚を揚げたイカンビリス、ピーナツとサンバルソース。どの皿や紙の上にもこの四点セットがある。小魚は塩辛い。サンバルソースは、トウガラシミソといったらいいだろうか。そこにメインの料理を載せる。鶏肉や魚を煮込んだものが多い。典型的なマレーの食事である。ここまで頑なに守られているとは思わなかった。彼らはコタバルのあるケランタン州で、彼らの宇宙をつくりあげていたのだ。

マレーシアはマレー半島とボルネオ島の一部で構成されている。マレー半島の西側、マレー半島の東側、そしてボルネオ島……。この三つのエリアにみごとなまでに色分けされている。

マレー半島の西側は、マレーシアの中心エリアだ。クアラルンプール、スバン・ジャヤ、クラン、ジョホールバル、アンパン・ジャヤ、イポー……。人口順に並べたマレーシアの大都市は、どこも半島の西側に集まっている。このエリアは、マレー人のほかに華人、インド人の人口も多い。マレーシアを訪ねる旅行者も、西側に集まってくる。マラッカにペナンといった世界遺産に登録された都市もある。

マレーシア名古屋説というものがある。シンガポールが東京で、バンコクが大阪。そのふたつに挟まれた地味なイメージはあるが、訪ねてみるとそこそこ発達し、便利だといった印象が名古屋と結びつくらしい。そのイメージを担っているのが半島の西側ということだろうか。工場もこのエリアに集まっている。マレーシアの東側は、日本でいえば、日本海側ということになるだろうか。地方である。田舎といってもいいかもしれない。マレー人の割合が急に高くなる。とくにケランタン州やトレンガヌ州は、マレーシアのなかでも、マレー人のエリアといってもいい。

ボルネオ島のサラワク州やサバ州になると、違った空気が流れている。少数民族が多くなるからだろうか。

マレー人の世界——。そこに浸ってみたかった。

夜行バスが、ケランタン州の中心都市であるコタバルのバスターミナルに着いたのは、午前六時前だった。まだ太陽ものぼっていない時刻だった。マレーシアの長距離バスターミナルは、街の郊外につくられることが多い。明るくなるのを待ってタクシーでコタバル市街に向かった。

コタバルに泊まるつもりだったが、ホテルは決めていなかった。タクシーの運転手に、街の中心まで行ってほしい……と伝えて着いたのが市場だった。

一般の店はまだ開いていない時間帯だったが、市場はすでに賑わっていた。野菜に魚、肉類がズラリと並んでいる。肉類に比べると、野菜や魚を売るスペースが広

コタバルの長距離バスターミナル。マレー人の小宇宙の入口だ

い。

　その日は土曜日だった。

「今日って休日なのかな。家族連れの買い物客が多い気がして」

「今日は土曜日でしょ。普通、寝てますよ。クアラルンプールの金曜日の夜はかなり盛りあがってますからね」

「土曜日？」

　少し気になって市場にいた青年に訊いてみた。

「今日は休日？」

「そうだよ。土曜日だからね」

「明日は？」

「普通だよ。平日。日曜日だからね。この市場は無休だけど」

　やはりそうだった。ケランタン州は

コタバルの市場。マレー人の
市場だと女性が被るスカーフ
の多さが教えてくれる

マレー人エリアである。イスラム色の強い世界だから、休日は金曜日になる。

キリスト教圏や仏教圏の休日は日曜日である。かつてはきちんと住み分けられていたのだが、週休二日制が広まって、話が少しややこしくなった。キリスト教圏と仏教圏は土曜を休日にして土曜、日曜を休日にした。イスラム圏も土曜日を休日にしたのだが、週末休日は金曜、土曜になった。世界規模での休日は土曜日なのだ。

旅にもこの休日が引っかかってくる。開いていると思って郵便局や銀行に向かうとシャッターが閉まっていて休日だと教えられる。海外の大使館でビザをとるときも、事前に休日を調べなければならない。イスラム圏とかかわる仕事に就く人は大変だろう。金曜日には連絡がとれず、日曜に出勤しなければならないこともある。しかしそれは外国だから、ある程度は覚悟してのことだ。

しかしマレーシアは、ひとつの国のなかに違う休日があった。金曜日と土曜日を休日にするのは、マレー人の多いケランタン州、トレンガヌ州などだった。ほかのエリアは、土曜と日曜が休日だった。クアラルンプールにある会社とコタバルにある会社の連絡は気を遣わなくてはならない。

もっともイスラム圏の休日に合わせて日曜日に出勤するという発想は、あまりに日本的なのかもしれない。マレー人はあまり働かない人々だから、「クアラルンプールが休日だから休んじゃおうかな」と休日にしてしまう人も多い気がする。宗教が生んだ拡大週休三日制である。

同じようにイスラム教徒が多いインドネシアは違う。欧米やアジアの仏教圏に合わせようとしたのか、あるいは週休三日制になびく国民性をわかっているのか、原則的には土曜と日曜が休日である。しかし、マレーシアのこのエリアは、金曜日の休日にこだわっていた。マレーシアのなかにあるイスラム教徒の小宇宙だった。

市場の二階にあがってみた。そこで、当然のように手で朝食を食べるマレー人たちの世界に放り込まれたのだ。北側のタイ、南側のシンガポール。ここではもう、手で食事をとる人はいない。麺は箸とレンゲ、米系の料理はスプーンとフォークを使う。しかしその間にあるマレーシアの北東部には、ぽっかりと、手で米を包むようにして食べる食文化圏があった。頑なに箸とフォークやスプーンを拒んでいるようにも映る。

食堂街を歩いていると、青い米を店頭に並べた店もあった。ナシクラブだった。一度、クアラルンプールで食べたことがあった。なんでもインゲン豆の花で着色しているのだという。食べてみたが、ごく普通の米だった。味というより見た目を楽しんでいるようだった。ナシレマといい、このナシクラブといい、米に対してのこだわりが妙に強い。

「朝からあの米はちょっとな……」

夜行バスのひと晩をすごしていた。マレーシアの長距離バスはほとんどが三列で、座席幅が広い。ほかの国の夜行バスに比べればよく眠ることはできるのだが、宿のベッドとは違う。体は重かった。

ミーゴレン、焼きそばの店があった。カウンター式の店で、目の前の鉄板の上でそばをつくっている。客たちを見ると、皆、フォークで食べている。焼きそばはさすがに手では食べにくいのだろう。しかし箸は使わない。

「マレー人って箸を使うことができないのかも……」

ファインダーをのぞく阿部カメラマンが呟《つぶや》くようにいった。

迷ったあげく、別の店でミーゴレンを頼んだ。ミーゴレンというメニューの後ろに、タイという文字があったからだ。タイ風ミーゴレンではと想像力を膨らませた。ここはタイとの国境に近い。タイ風のマレー料理があるのかもしれない。しかし店の若い女性は、「ミーゴレンはないけど、スープ麺なら」といわれた。そこでスープ麺になったのだが、タイのクイッティオと呼ばれる麺料理と同じような味だった。ここにも箸はなかった。フォークとスプーンで麺を啜《すす》った。

市場の２階にあった麺屋台。タイ風の麺料理。でも素材に豚肉はない

これがスープ麺。味はタイの麺に限りなく近い。5.5リンギット、約154円

快晴だった。ヘイズが空を覆うクアラルンプールとはかなり違う。スマトラ島でアブラヤシを燃やした煙も一因だといわれるヘイズも、東海岸までは届かないようだった。市場を出ると、強い日射しが降り注いでいた。今日は暑くなりそうだった。

夕方、コタバルの街はスコールに洗われた。しかしそれほど長くは続かず、七時頃には西の空が夕焼けに染まった。宿の近くに屋台村のような一画があった。駐車場のようなスペースに、午後になると次々に屋台が集まってくる。中央にはテーブルが並ぶ。それぞれの屋台の正面には、飲み物がズラリと並んでいる。コーラや「100PLUS」と書かれたスポーツ飲料のような飲み物もある。ファンタやスプライトもどきもある。缶入りのレッドブル、ココナツジュースもペットボトルに入って置かれている。

しかしビールがない。

じっくり眺めるのだが、やはりない。

意を決して訊いてみる。

「あ、あの……ビールなんてありますか」

屋台の青年は、頼りなさそうな笑みをつくった。ないのだ。東南アジアの人々は、こういうとき、曖昧な笑みを浮かべることが多い。クアラルンプールに暮らす日本人に訊くと、日頃のマレー人は、これで大丈夫か……と思うほどおとなしく、控えめだという。「ビールはない」とはっきりといえない民族らしい。

しかたなく、「ＫＩＣＫＡＰＯＯ」をもらうことにした。僕は、「キカプー」と呼んでいる。オロナミンＣのような味がする炭酸飲料だ。タイにこれによく似たスポンサーという飲み物があった。男たちはよく、メーコンというウイスキーをスポンサーで割って飲んでいた。僕もその味が癖になっていて、キカプーを飲んだときは、マレーシアではこう命名したのか……と妙な感慨に浸ったものだった。

「でも、これを飲んでもね。まずいわけじゃないんだけど。汗をいっぱいかいた昼間があって、スコールがきて、シャワーを浴びて、屋台に座ったら、やっぱりビールだよね」

キカプーをぐいと飲むのだが、ビールの喉ごしとは違う。そして甘い。

「この街にはないんですかね」

「探せばあるような気もするんだけど。これだけの規模だからね」

しかしここはマレー人の小宇宙だった。その世界にビールは入り込めないのかもしれない。ビールが好物というわけではない。日本にいても、ビールを飲まない日は多い。しかしビールがないかもしれない……という予感があると、無性に飲みたくなってくる。ビールは不思議な飲み物だ。

しかしマレーシアのビールは高い。半島西側の都市には、あたりまえのようにビールがある。とくにクアラルンプールにペナン、マラッカといった華人の多い街では、日常に織り込まれている風でもある。マレー料理の店には置かれていないが、中華やインド料理、外国人が多いカフェなどは、当然のようにメニューに載っている。しかし料理が一品、五、六リンギットの店でも、ビールは一本十六、七リンギットはする。日本円にすると五百円弱といったところだ。料理の三倍近くはするわけで、日本でいったら一本千五百円ぐらいの感覚である。

しかし飲みたくなってくるのだ。

五年ほど前だろうか。このコタバルから遠くないパシルマスという町に泊まったことがあった。目的はジャングルトレインともいわれる列車に乗ることだった。この列車は、コタバルの北方のトゥンパットから南下し、グマスで半島の西側を走る路線に合流していた。

そのとき、タイのスンガイコーロクから陸路で国境を越えてマレーシアに入った。そこからいちばん近い鉄道駅がパシルマスだった。列車は翌朝だった。夕食をと街に出たのだが、ビールを置いている店はなかなかみつからなかった。暇そうに食堂の前の椅子に座っているおじさんに訊いてみた。

「ビール？　あの角を曲がったところに中華料理屋があったような気がするな」

その説明を頼りに街を歩いた。しかしその店は休業だった。近くの食堂のおばさんにも訊いてみる。

「あの店が休み？　だったらパシルマスの町にはビールはないね」

「そ、そうですか……」

結局、ナシゴレン、つまり焼き飯とアイスティーという夕食になってしまった。ついでにパシルマスの町には、ホテルもなかった。駅前の食堂の二階の空き部屋に泊まることはできたのだが。

いま、考えてみれば、パシルマスもマレー人の小宇宙だった。

……ということはコタバルも。

不安が頭をもたげてくる。そう思っただけで、ビールの禁断症状が出てきてしまうのだった。

街で探すしかないのだろうか。しかしパシルマスに比べると、コタバルはずいぶん大きな街だった。歩いて探すのは大変そうだった。近くにあったコンビニや雑貨屋ものぞいてみた。ビールなどの酒類はなにもなかった。クアラルンプールやペナンの店では、ビールだけでなく、地元産のあやしげなウイスキーが棚の一部をしっかりと占めていた。しかしコタバルの店にはなにもなかった。

苛だたしさを覚えていた。ビールがみつからないという禁断症状とは異質の、なにか収まりのつかない思いだった。

イスラム圏の飲酒事情は、ある程度、知っているつもりだ。アルコールを禁止するという戒律は、かなり揺らいでいる。

以前、バングラデシュの政治家と会ったことがある。僕はバングラデシュ南部のコックスバザールという街にある小学校の運営にかかわっている。その費用をめぐって、コックスバザール選出の政治家の協力が必要だった。会う前に、現地から連絡が入った。お土産が必要だという。

「お土産?」

「ウイスキーを一本、免税店で買ってきてください」

「ウイスキー?」

「そう。バングラデシュではだいたいウイスキーです」

「その政治家はイスラム教徒でしょ」

「だからウイスキーなんですよ」

　バングラデシュの金もちたちは、家で酒を飲むことは日常化していた。外では飲めないが、家のなかだったら問題がないという発想である。自分で買ったのではなく、人からもらった手土産だということも大義名分になった。彼は一応、地元選出の政治家だった。

　インドネシアのジャカルタで、インドネシア人の家を訪ねたことがあった。夕食を一緒にといわれ、夕方に家に出向くと、応接間のテーブルの上には缶ビールが置かれていた。

「ビール？」

「家ではいいんですよ。それに今日は、日本人のお客さんがいる。飲まないのは失礼でしょ」

　その日は延々と酒の席が続いた。総勢六人の夕食だったが、二ダース分ぐらいの缶ビールが空になった。ジャカルタのコンビニに、ビールが山のように積まれて売られている理由がやっとわかった。彼らは家で、とんでもない量のビールを飲んでいた。

　もちろん、すべてのイスラム教徒が、建前と本音を使い分け、人前では敬虔なイスラム教徒を装いながら、家ではうわばみのようにビールを次々に空にしているわけではなかった。しっかりと戒律を守っている人も多い。

しかしビジネスの社会は国際化し、パーティーや会食などでは、ビールやワインが出される場に、イスラム教徒も加わらなければならない。ビールを口にすることで、円滑に仕事が進むとすれば、「これはしかたない」とコップに注がれたビールに口をつける人もいるようだ。国によっての違いはあるが、アルコールは財力に結びついているようなところもある。国際社会で成功し、英語を口にするイスラム教徒というイメージには、アルコールがついてまわる。バングラデシュやインドネシアで酒を飲んでいた彼らは、実際、成功組だった。イスラム教徒とほかの宗教を区分けするもののひとつは、飲酒……という図式は少しずつ崩れてきている気がする。

コタバルの人たちも、そのあたりはわかっている気がする。しかし街にはビールがみつからない。それは都会と地方ということなのかもしれないが、イスラム社会というコミュニティに漂う建前のようなものが引っかかるのだ。マレー人の小宇宙――。それはマレーシアの東北エリアにできた心地のいい空間なのかもしれないが、ひとつの閉鎖系にも映ってしまうのだ。

いや、それは考えすぎなのかもしれない。これが国際化に洗われる大都市との違

いないのだろうか。コタバルの人たちに、「どうしてこの街にはビールが売られていないの？」と訊くと、

「昔からそうだったからね」

という答が返ってきて、話が先に進まなくなってしまうという地方都市の時間感覚なのかもしれなかった。そのなかで、無邪気にビールを探すというのも、少し心苦しい。

だが冷えたビールの誘惑は、頭のなかで、あれやこれやと行き来する悩みを乗り越えて、喉が訴えてくるから、つい、スマホの電源を入れてしまう。最近のアジアでは、ツーリストシムというカードが売られている。僕はバンコクに住んでいた知人から譲ってもらったスマホを持っていた。そこにクアラルンプールの空港で買ったシムカードを入れていたから、路上でも、〈コタバル　ビール〉などとキーワードを打ち込むと検索することができてしまう。いくつかがみつかった。コタバルの街で、ビールを渇望した日本人が何人かいたのだ。中華食堂が何軒か入ったビルがあり、そこでビールを飲むことができたという。

「ありますね、これは」

阿部カメラマンと顔を見合わせた。

ケブンスルタンという通りに出た。帰宅時間なのか、かなりの車の往来がある。中華食堂が入ったビルはこの先にあるようだった。道の反対側に漢字が見えた。『九龍茶餐室』。なんだか久しぶりの漢字だった。ペナンやマラッカという華人が多い街は漢字が目立つのは当然だが、クアラルンプールでも漢字の看板は多い。アルファベット表記の下に、漢字が書かれている。日本人だから、ついその文字を読んでしまうのだが、コタバルに来て、路上で立ち停まることがなくなってしまった。まったくといっていいほど、街から漢字が消えたのだ。マレー人が大多数を占める街だから当然なのだったが、唐突に現れた漢字は妙に懐しかった。

道を渡ってみた。

あった。

路上に出たテーブルに、おじさんふたり組がいて、そこにビールが置かれていたのだ。眺めると、細い道を挟んで、もう一軒、漢字を掲げた店があった。そこもビールを出している。たった二軒だが、その一画だけ華人のにおいがした。

店はホーカーズのような構造だった。角の店だったが、店内に四軒ほどの店と、奥に飲み物屋台があった。ホーカーズの流儀は、シンガポールでしっかりと身についているから、店内を歩き、飲み物屋台の脇に置かれている冷蔵庫を眺める。二、

バクテー（肉骨茶）。煮込んだ豚肉料理で、白飯に合う。僕の好物です

コタバルのビールは、はじめて目にする銘柄だった。15リンギットとやや安い

三十本のビールが入っていた。

食いだめというわけではないが、そこでは肉骨茶、バクテーも注文した。シンガポールで有名な料理だが、ルーツはマレーシアだという。豚肉を煮込んだ料理である。それに野菜炒めに焼きそば。

ぐいとビールを飲み干す。そして肉骨茶。マレー人にはとても見せられない組み合わせである。しかしこれが不思議なのだが、ビールの味がどうもしっくりこない。風邪ぎみのときに飲むビールのように、うまさという領域に届かないのだ。僕はイスラム教徒ではないから、なにも戒律を破っているわけではない。しかしどこかに、後ろ暗さのようなものが横たわっているのだろうか。

店を出、道を渡った。道に沿ってコンビニと雑貨屋があった。水を買おうと店に入ったが、ビールはもう置いてなかった。道を一本隔てただけでマレー人の世界に戻ってしまった。

コタバルからドゥングンまで南下した。バスで六時間ほどかかった。海に沿ったマレー人の街だった。コタバルよりは規模が小さかった。バスターミナルは街はずれの海に沿ったエリアにあった。近くでみつけたのは『福建会館』という華人系の

ドゥングンのビーチ。釣りをするマレー人が数人という寂しいビーチだった

妙な安宿だった。宿泊客の大半は華人だったが、マレーシア人ではないような雰囲気がある。することもないようで、海に面した通路に椅子を出し、日がなスマホをいじっていた。フロントには華人のおじさんがひとり座っていた。

「食堂？ このあたりは街はずれだからあまりないね。朝になるとすぐのところにそば屋が店を開くけどな。夜？ 一ブロック先に食堂がある。マレー料理の食堂だがね。ビール？ 店じゃ出さないね。ただ、宿の前から少し行ったところの店がビールを売っているよ。八時半には店が開く」

愛想はないがきちんと答えてくれる。このあたりが華人なのかもしれない。

近くの食堂に入った。イカと野菜を炒めたものや魚を頼んだ。ビールの代わりにライムジュースを頼んだ。帰りに、八時半に開くという店を探した。それらしき店はなかなかみつからなかった。

「あそこじゃないですか」

阿部カメラマンがアンティークショップの隣にある店を指さした。近づき、ガラス越しになかを見ると、酒壜が並んでいた。ドアの上には、酒類の販売ライセンスをとっている表示があった。ドア横のブザーを押すと、アンティークショップの店員が、奥の通路を通って酒屋に入り、ドアを開けてくれた。棚には怪しげなマレー

ドゥングンの寂れた旧市街。一応、プラナカン建築なんですが

左側の小さな店が酒を売る店だった。客はほとんど来ない

シアのウイスキーに洋酒、中国の酒などが並んでいる。冷蔵庫もあり、そこにビールが入っていた。僕らはカールスバーグをひと缶ずつ買ってホテルに戻った。部屋で開けた。ひと口飲んだカールスバーグはビールだった。しかし、なにか違う。味がおかしいわけではない。しかし……。マレー人の小宇宙——。そのオーラは、ビールを変質させてしまうのかもしれなかった。

コタバルからドゥングンまで南下したバスは、クアラ・トレンガヌのバスターミナルでしばらく停車した。そこから海岸沿いに南下する道を走った。二時半頃だろうか。道路に沿った食堂の前で停車した。ドライブインを兼ねた食堂のようだった。

長距離バスで移動するとき、この休憩時間に気を遣う。トイレ休憩なのか、食事休憩なのかがわからないのだ。言葉が通じれば、運転手や乗客に訊けばいいのだが、訪ねる国の言葉を理解できないことが多い。注意するのは乗客の動きだった。バスの乗客はまずトイレに向かう。その後、食堂に入っていくか、バスの前で煙草などを喫《す》っているか……。

食事休憩とわかっても気が抜けない。ベトナムのように、やたら早食い民族もいる。だから料理の注文も迷ってなどいられない。さっさと決めなくてはならない。

これを言葉の通じない国でこなしていくことになる。

勘がはずれるときもある。イスラム圏のバスに乗り、その時期がラマダンという断食月にあたっているときなどだ。ラマダン期間中は、日が出たあとは食事をとれない。午前三時頃にバスがドライブインに停車し、これはトイレ休憩だろう……などと思っていると、乗客は猛然と飯をかき込みはじめたりする。

その点、マレーシアは楽だった。皆、ある程度、英語を理解してくれるからだ。バスを降りるときに訊くと、運転手は、「三時出発」といった。三十分近くある。食事をとることができる。その日はまだ、昼食を食べていなかった。

乗客のあとについてトイレに入った。「急いで昼食を……」と食堂に向かおうとすると、トイレを先に出た乗客が、横にある部屋にぞろぞろと入っていってしまった。

「ん？」

なかをのぞくと、部屋は衝立《ついたて》で前後に分かれていた。前方に男性、後方に女性が入っていく。

「礼拝？」

「三時の……」

阿部カメラマンと顔を見合わせた。僕らはすることもなく、食堂に向かうしかなかった。

バスの休憩時刻が、礼拝の時刻で決まっていた。

イスラム教の礼拝は一日五回と決められている。すべてをこなさなくてはいけないわけではないが、その時刻はモスクから流れるアザーンという呼びかけでわかる。厳密には夜明け前、太陽が出、体の影が身長と同じになってから日没まで……などと決められているというが、一般的には日の出頃、正午頃、午後、日没頃、夜といった感じだろうか。

しかしそれは、バスの運行時間とは無縁の世界である。マレーシアの長距離バスはトイレがついていないことが多い。二時間から三時間に一回の割合で停車する。しかしその時刻が、イスラム教の礼拝を考慮していたのだ。

コタバルに向かう夜行バスを思いだした。あれは午前四時頃だった。ふと目が覚めると、バスが停まっていた。トイレ休憩かと思いバスを降りた。スコールのような雨が降っていた。急ぎ足でドライブインに入った。道沿いの小さな食堂といった規模だったが、四、五台の長距離バスが停車していた。その客が食堂を埋め、裸電球に照らされたテーブルはかなり混みあっていた。

ドゥングンからバスでクアラルンプールへ。マレー人の小宇宙から脱出する

ドゥングン手前のドライブイン。ここが礼拝所。マレーシアではトイレ脇が多い

朝食には早すぎたから、トイレをすませるとバスに戻った。しかしなかなか出発しなかった。うとうと時間がすぎ、やっと出発したのは午前五時頃だった。そして午前六時前には、コタバルのバスターミナルに着いてしまった。

「時間調整をしたんだろうな」

まだ暗いバスターミナルで考えていたが、実は礼拝休憩だったのかもしれない。

彼らが礼拝をしているところを見ると、ひと通りの祈りを終えたあと、床に座ってぼんやりとしていることが多い。瞑想に入っている気配である。神との対話だと彼らはいう。

だいぶ昔、スーダンの田舎町にいたことがあった。カイロで知りあった知人の家に世話になっていた。彼はサトウキビ工場の技師だったが、仕事を終え、日没どきになると、家の近くにあるモスクに向かった。蚊が多い一帯で、礼拝スペースは網戸に覆われていた。礼拝を終えると、彼は瞑想に入った。これが長かった。薄暗いモスクのなかでぽつねんと座り、瞑想に入る。神との対話ということなのだろうが、傍《はた》から見れば、ただぼんやりと座っているだけだ。彼は毎日、一時間以上、こうしてモスクで座っていた。僕はすることもなく、薄暗い蛍光灯を眺めているしかなかった。

そのとき、彼らの頭のなかから、時間感覚は消えていた。なにしろ神との対話なのだ。時間がないからといって、さっさとすませるわけにはいかない。トイレの横の礼拝所でぼんやりとするマレー人の頭のなかがどうなっているのかはわからない。おそらく、バスの出発時刻など消えているはずだ。

バスを降りるとき、発車時刻を訊いた。そのとき、運転手は少し言葉に詰まった。少し考え、三時といった。ほかの客は誰も発車時刻を訊いてはいなかった。

そういうことだった。

全員の礼拝が終わるまで待つ。

それはマレー人たちの小宇宙の不文律だった。

コタバルに向かうバスが一時間待ったのは、時間調整などではなかったのだ。乗客の夜明け前の礼拝が終わるまで待っていたのだ。マレー人たちの小宇宙に、バスの運行時刻というものが存在するのだろうか。

ドゥングン行きのバスが発車したのは、三時三十分近くだった。

礼拝ツアー客で賑わう北京モスク

コタバル市内のバスターミナルにいた。この街にはふたつのターミナルがある。郊外にあるのが長距離路線、市内に近郊行きのターミナルがある。市内のターミナルでメモを見せた。

〈Masjid Jubli Perak Sultan Ismail Petra〉

発券売り場のおじさんは一瞬考えてこういった。

「マスジット・ペキンだろ？」

マスジットというのはモスクという意味だ。北京モスク……。コタバルではそう呼ばれているようだった。

バスは国道三号線を北上した。タイとの国境に向かっていく。そのモスクはランタウ・パンジャンというところにあるという。

小一時間ほどバスに揺られた。運転手が、前方右手の建物を指さした。

「あれ？」

「そうだ。北京モスク」

「寺じゃないですか」

このモスクができたのは、二〇〇九年。チャイニーズムスリム、つまりイスラム教に改宗した華人たちが建てた。マレーシアではずいぶん話題になったという。

華人たちがどういう経緯でイスラムに改宗したのかはわからない。ただイスラム教は、異教徒と結婚する場合、異教徒側がイスラム教に改宗しなくてはならない。世界ではイスラム教徒は増えているが、その理由のひとつが、この改宗である。

コタバル周辺は、マレー人の小宇宙である。イスラム教徒が圧倒的に多い。そのなかで華人として生きていくのは、なにかと不都合があったのかもしれない。

マレー人優遇政策をとるマレーシアでは、ニュースになりやすい話題だった。

しかし建物は中国だった。

バスを降り、建物に近づいてみる。右手にミナレットと呼ばれる塔がある。ここから礼拝時刻を告げるアザーンが流れる。しかし正面の建物には、タマネギ型のドームはない。仏教寺院のような屋根が重なっている。

「これでもモスク？」

建物の前でぼんやりしてしまった。

モスクは賑わっていた。入口には観光バスが五台も停まっていた。礼拝ツアーということだろうか。全員がマレー人である。

数十台のバイク部隊が現れた。そろいのTシャツのマレー人たち。後部座席の男は、大きな旗を振っている。

「マレーシアの暴走族？」

しかし彼らはモスクの前にバイクを停めると、ヘルメットをとり、足洗い場に向かっていく。彼らも礼拝に来たのだ。おそらくマレーシア北東部を走るツーリンググループなのだろう。いくらバイクが好きでも、イスラム教徒なのだから礼拝は重要である。

内部に入ってみた。階段をのぼっていくと、メインのフロアに出た。そこは絨毯が敷きつめられている。中央に衝立がある。後ろが女性たちの礼拝スペース。マレーシア式だった。

男たちの礼拝がはじまる。その列に、ツーリンググループも並ぶ。静謐《せいひつ》な時間がモスクのなかを流れている。

モスクの前でポーズをとるツーリンググループ。こんなノリでいい？

横一列に並んで礼拝することが多い。イスラムの国はどこでも

内部も中国式だった。正面には中国寺院をかたどったミニチュアが置かれている。ここが祭壇だった。

礼拝スペースの後ろに座り、ぼんやりとその光景を眺める。次々に男たちが入ってくる。マレーシアのなかでも人気のモスクということだろうか。

礼拝を終え、入口の日陰で休んでいる中年男性に声をかけてみた。

「クアラルンプールからやってきました。こういうモスクができることは、マレーシアの将来にとって、とてもいいこと。民族の融合が必要だと思います」

さわやかな面もちでそう答える。クアラルンプールやペナンの華人は、このモスクをどう眺めるのだろうか。

第六章

マレーシア

クアラルンプール

マレー人優遇策の落とし前

クアラルンプールは沖縄の那覇に似ている。クアラルンプールの街並みを眺めていると、那覇のイメージが重なってくる。最近、その傾向がますます強くなってきた気がする。

街のつくりが似ているわけではない。人口も桁違いだ。もちろん、クアラルンプールのほうがはるかに大きく、高架電車やモノレール、KTMコミューターといった都市型電車が走っている。クアラルンプールはマレーシアの首都という都会で、那覇は日本の地方都市にすぎない。

しかしどこかが似ている。

それがなんなのか、昔から気になっていた。

最近、KLセントラル駅近くのホテルに泊まることが多い。KLとはクアラルンプールのこと。マレーシアではKLと略して使われることが多い。一泊九十リンギット前後、日本円にすると二千五百円ほどの安ホテルである。二〇一四年に、KLセントラルの新しい駅ビルが完成し、このあたりの風景もずいぶん変わった。大き

KLモノレール。KLセントラル駅から通路でつながり、乗り換えが楽になった

なビルがいくつも建ち並ぶ一画になった。路上の店でビールを飲みながら見あげると、ひょっとしたら、この建物の風貌のようなものが那覇に似ているのではないかと思った。デザインが同じという意味ではない。ビルは立派で街の風景と折り合いがつかない。その不自然さが似ている気がする。

その象徴がペトロナスツインタワーだろうか。高さが四百五十二メートルもあるというこのタワーを目にしたとき、やはり違和感があった。以前、KLタワーにのぼり、クアラルンプールを眺めたときも、同じ印象をもった。その風景から、都市計画という言葉は浮かんでこなかった。どこかその場しのぎの感すらある。それでいて、ビルだけが立派なのだ。

まわりくどいい方はやめよう。クアラルンプールの街から漂ってくるものは、建設業者のにおいなのだ。

最近の那覇からも同じにおいがする。

沖縄はアメリカ軍の基地にからみ、多くの予算が振り分けられている。普《ふ》天間《てんま》基地の辺野古《へのこ》への移転を受け入れたことで、二〇一五年から毎年、三千億円以上の沖縄振興予算が出ることになった。当時の仲井《なかい》眞《ま》弘多《ひろかず》知事は、二〇一三年の暮れに、「有史以来の予算だ。いい正月になる」と口にした。しかしその後の知事選で、辺野古移転に反対する翁《お》長雄志《ながたけし》が当選し、移転問題は迷走している。

しかし年間、三千億円を超える予算は、沖縄県に渡される。難しいのはその使い道である。特定の分野に手厚く予算が分配されると、県民の反発を買う。さまざまな思惑が飛び交う。最も公平な方法は公共工事ということになる。道路は県民の誰もが使う。公共施設の建設案に反対する県民は少ない。その結果、妙に立派な施設ができあがっていくことになる。いまの沖縄では、そんな建物を目にすることが多い。サトウキビ畑のなかに建つ公民館は、首を傾げたくなるほどの設備を整えていたりする。

潤うのは建設業者である。日本の地方はやけに建設業者が多いと思うことがあるが、その意味では沖縄は突出している気がする。

沖縄に振り分けられる予算は、アメリカ軍の基地に苦しむ沖縄県の人々に向けられる。沖縄県は日本の国土の〇・六パーセントの広さしかない。そこに日本にあるアメリカ軍基地の約七五パーセントが集まっている。その不平等に対する予算とみれば、国民からある程度の理解を得ることができる。

日本にとっての沖縄の人々……。それをマレーシアという国に置き換えれば、マレー人ということになる。

クアラルンプールの不釣り合いに映る立派な建物から伝わってくるのは、マレー人優遇政策である。プミプトラ政策と呼ばれるものだ。プミプトラとはマレー語で「地元の人々」を意味する。

沖縄への振興予算策とプミプトラ政策は明らかに違う。沖縄への予算には優遇は含まれていない。しかし、ひとつの方向のために巨額な予算が計上され、それを皆のコンセンサスがとれる方法で使おうとする。すると公共工事になってしまう。しかたのないことなのだ。沖縄とマレーシアに投じられる予算の性格は違うが、その使い方が似ている。同じような街の印象を受けるのはそのためかもしれなかった。

ヘイズの空の下のクアラルンプール。不釣り合いな感覚、わかってもらえるだろうか

マレーシアでは、さまざまな分野に、プミプトラ政策が張りめぐらされている。企業設立や税金面でも、マレー人の企業は優遇されている。企業が社員を採用するときも、マレー人を優先しなくてはならない。

マレーシアの道を歩いていると、手とも鳥ともとれるようなエンブレムが前についた車をよく見かける。マレーシアのトラをモチーフにしたデザインだと聞くが、どうしてもそう見えない。昔はもう、マレーシアの車の半分以上がこのエンブレムだった。いまでもタクシーはすべてこのエンブレムらしい。これがマレーシアの国民車ともいわれるプロトン社の車である。この企業は、プミプトラ政策の産物だともいわれる。政府は、国産車をつくるという旗印を掲げ、マレー人の企業を育てていった。値段も安かった。高度成長が追い風になり一気にシェアを広げていった。しかしマレー系企業は、国際競争といった舞台に出ると、その脆弱さを露呈してしまう。いまではシェア一位の座から落ちてしまったというが。

プミプトラ政策はビジネスの分野以外にも幅を利かせている。公務員の採用はマレー人優先である。国立大学への入学にも、マレー人は優遇される。マレーシアのマレー人は、生まれながらにして、ひとつかふたつ、下駄を履かせてもらっているような気になってくる。

マレーシアという国を語ったとき、どうしてもプミプトラ政策に行きついてしまうのは、この国が多民族国家だからだ。統計によって若干の違いはあるが、マレー人が約六八パーセント、華人が約二四パーセント、インド系が約七パーセントといった構成になる。そしてこのなかで行われているプミプトラ政策を辿っていったとき、やはり植民地時代に行き着いてしまう。マレーシアはもともと、マレー人の国だった。その一部が海峡植民地になり、やがてイギリスの植民地になっていく。そのなかで華人やインド系の人々が移り住んだ。

いま、世界で起きている紛争の多くは、植民地時代に火種が植えつけられたものが多い。第二次大戦後、多くの国が独立していった。国境線は旧宗主国の思惑、民族や宗教、地形などによって決められていったが、そこにはさまざまな利権や民族間の軋轢《あつれき》がからみ、誰もが納得するものではなかった。しかしマレーシアという国は、一国のなかに、違う宗教と民族をかかえもってしまった。

海峡植民地の時代は、まだのんびりとした風が吹いていた気がする。マレーシアにしてみれば、植民地は出島の感覚もあった。そして半島側にはいくつかの王国が割拠していた。しかしその後、イギリスは半島まで含めたエリアの植民地統治をはじめる。そこでとった政策が、民族を分割して統治していく手法だった。言葉の問題もあったのだろう。イギリスにしたら、そのほうがはるかに管理しやすかったはずだ。一九三〇年の産業別の労働人口を調べた報告がある。それによると次のような割合になっていた。

稲作　　マレー人　　九七パーセント
天然ゴム農園　　インド人　　七四パーセント
スズ鉱山　　華人　　九二パーセント

イギリスは民族によって働く場を分けていったのだ。農業はマレー人、ゴムのプランテーションはインド人、鉱山は華人という線引きである。この分割統治が、最終的には経済格差を生み、プミプトラ政策につながっていくわけだ。

その後、マレー半島に侵出した日本は、イギリス以上の分割統治を行った。日本軍はマレー人に対してある種のトラウマをもっていた気がする。話は明治時代に遡る。

一八七一年(明治四年)、宮古島と石垣島の二隻の帆船が那覇を出航し、それぞれの島に戻ろうとした。しかし途中で台風に巻き込まれ、遭難してしまう。二隻は台湾に漂着するのだが、その場所の違いが船員たちの運命を分けた。石垣島の船は北部の中国系住民が暮らす海岸に着き、無事に保護された。しかし、宮古島の船は

プミプトラ政策の街には、コロニアル建築のビルは似合わない

台湾の南東海岸に流れ着き、そこに暮らしていた先住民によって、六十九人の船員中、五十四人が殺されてしまう。ほぼ皆殺しである。『宮古島民台湾遭難事件』（官國文雄著、那覇出版社）には、先住民についてこう記されている。

——「耳の大きな人がいて、首を狩る」と二人の案内人が言ったことも、「不仁極まる習慣のある所」からあながち嘘ではなかったようである。

この事件はその後、日本のなかの台湾征伐論のきっかけにもなっていくのだが、日本人にとって台湾先住民は首狩り族のイメージが植えつけられていく。日本統治時代の台湾でも、先住民との衝突は何回か起きていた。有名なものは霧社《むしゃ》事件だろうか。一九三〇年（昭和五年）に台湾中部の山のなかにある霧社という町で事件は勃発した。そこでも首狩りが起きている。

台湾先住民には、敵の首を狩るという習慣があった。先住民はマレー・ポリネシア語系の人々で、マレー人もその分類のなかに入れられる。

日本軍は統治する台湾で、南の国々に侵攻していくためのノウハウを身につけようとした。台湾の南東の花蓮近郊には、多くの日本人が入植した。そこで試されたことは、日本の稲作だった。日本の米づくりが、亜熱帯でも通用するのかどうかを試したのだ。ほかにサトウキビや煙草の栽培にも挑戦している。南洋と呼ばれたエリアへの侵出を見すえていたのだ。彼らは使用人として、台湾の客家《ハッカ》を雇っている。客家は中国大陸から台湾に移り住んだ人々で、漢民族である。当時の記録を見ると、一緒に農業をできるのは漢民族で、先住民は未開な人々という線を引いている節すらあった。

日本軍がどれほどマレー人を理解していたのかは判断が分かれるところだが、台湾での経験を積んで、日本軍はマレー作戦に踏み切る。一九四一年、日本軍は真珠湾攻撃より一時間二十分早く、コタバルへの上陸作戦を開始した。日本軍にしても、マレー人が台湾先住民とまったく同様とは見ていなかっただろう。しかし刷り込まれてしまった首狩り族という未開民族のテキストはあった気がする。マレー半島からシンガポールまで一気に南進していった日本軍だが、その後の統治では、マレー人と華人をくっきりと区別していく。それは台湾を足がかりに南洋に攻め入った日本軍にしたら当然の政策だった。

日本軍の統治が終わると、再びマレー半島はイギリスの植民地になった。その間にも、マレー人と華人、インド系住民の経済格差は広がっていった。

第二次大戦後、旧植民地では独立の気運が高まっていった。マレーシアもその流れのなかにいたのだが、マラヤ共産党の存在が難問を突きつけることになる。

マラヤ共産党は、中国共産党の海外組織である南洋共産党からはじまった。華人色が強かったのだ。日本統治時代には抗日闘争を展開していた。しかし再び宗主国になったイギリスは、突如、弾圧を開始する。これに対してマラヤ共産党は武装蜂起に転じ、ゲリラ闘争をはじめた。イギリスは全土に非常事態宣言を出す。

マレーシアの華人たちは、難しい選択を迫られていた。イギリスはマレー人に対しては市民権を与えたが、華人とインド系住民は、出稼ぎ扱いだった。華人にしたら、アイデンティティーは中国本土にあったのだが、その中華が大きく変わってしまった。大陸では、中国共産党が勝利し、中華人民共和国が誕生する。それまでの中華民国は台湾に追いやられてしまった。

それは第二次大戦前に中国を離れた華人に共通した混乱だった。香港、マカオ、シンガポール……。祖国を離れた華人たちは、不安定な立場に置かれていた。マレーシアの華人のなかには、マラヤ共産党を支持する人もいた。裕福な華人は資金を提供した。中国共産党の海外組織という出自にこだわる人もいた。

マラヤ共産党のゲリラ闘争に手を焼くイギリスは、華人に市民権を与えることで資金源を断とうとした。当然、インド系住民も市民権を得ることになる。権利を勝ちとるという意味での獲得ではなかった。イギリスにしたら、その場しのぎの政策だった。華人やインド系住民にしても、植民地マレーシアの市民権を本当に望んでいたかはわからない。

しかしそんな混乱のなかで、マレーシアは独立に向けて進んでいくのだ。一九五七年、マレーシアは独立した。海峡華人ともいわれるプラナカンはイギリスにも通じていた。スズ鉱山で働く華人のなかには、小金を貯《たくわ》え財を築く者もいた。しかしマレー人は貧しいままだった。そんな民族間の格差はそのままだった。当時の世帯あたりの月額平均収入は、マレー人百三十九リンギット、華人三百リンギット、インド系住民二百三十七リンギットという調査結果もある。華人はマレー人の倍以上の収入を得ていた。この格差がまた火種になっていった。

独立したマレーシアは、マレー人の国だった。マレー人のナショナリズムは高まっていく。

一九六九年の五月十三日に、マレーシア史上最大の暴動が起きる。マレー人と華人が衝突したのだ。二百人近い死者が出た。直接の原因は、総選挙の結果だった。華人系政党が大幅に議席をのばしたのだ。マレー人のなかには、華人は経済分野だけでなく、政治をも支配しようとしている……という不安が広がっていた。華人にも不満があった。独立後、マレーシアは、マレー人優遇政策を打ちだしていた。華人は反発した。

「勝手にマレーシア国民にしておいて、いざ独立するとマレー人優遇。いったい私たちはなんなんだ」

公用語をマレー語だけにしたことへの不満も渦巻いていた。

マレー人の思いも痛いほどわかる。イギリス、日本、そしてイギリスと変わっていったが、植民地時代には苦しめられた。華人の半分にも満たない収入にあえいでいる。しかしようやく自分たちの国ができたのだ。この国はマレー人の国であって、華人やインド系住民の国ではない。自分たちが優遇されるのは当然なのだ……。

独立を勝ちとったアブドゥル・ラーマン首相は、マレー人、華人、インド系住民の融合政策をとった。しかしそれは自由放任主義ともいわれる。その政策が限界点に達したことが暴動を導いたと分析する人もいる。

この暴動は、五月十三日事件と名づけられ、マレーシア社会に爪痕を残した。ひとりの華人の老人がこんな話をしてくれた。

「あのとき、私は暴動のなかにいたんです。でも、気がつくと家にいた。逃げ帰っていたんです。路地を抜けてね。マレー人が鉄の棒で店の扉を壊しているところを見た。そのときの顔、いまでも思いだします。怒りで興奮したような表情じゃない。醒めているというか、冷酷っていうか。マレー人って普通はおとなしいんです。華人に比べるともの静かです。ただなにかにとり憑かれたような状態になると、すごく怖い。アモックっていうんです。マレーシアでは、あるとき、突然に武器を手にして無差別に殺す。あのときのマレー人は、集団的アモックでしたよ。いまでも、若い政治家がクリスを掲げて、『最後の血の一滴まで戦うぞ』って気勢をあげたりする。それを目にすると、背中にツーと電気が流れるような感覚になる。暴動のときのあの顔を思いだすんです」

クリスというのはマレーシアやインドネシアに伝わる刀である。マレー系の人々の武器といってもいい。刃は日本刀のようにまっすぐではなく、蛇のようにうねっている。見るからに、「これで刺されたら痛いだろうな」と思わせる。日本刀はすっと抜けるが、クリスはそうはいかない。

実際、怖ろしい武器らしい。クリスの柄《つか》は、刃に対して直角につけられている。ここを持って斬りつけると、刃がうねっているために傷口を縫い合わせることができないのだという。クリスの刀に毒を塗ったり、わざとさびを発生させ、斬ったあとで炎症を起こしやすくすることもあるらしい。なかには先端部が折れ、体内に残るようにつくられたクリスもあるという。

発想が残忍である。二度目に踏んで爆発する地雷をつくったロシア人の着想に似たところもある。武器というものに優しさなど介在しないが、穏やかな表情でコーヒーを飲んでいるマレー人の表情からは思いもつかないことなのだ。そして僕のなかでは、台湾の霧社事件が重なってしまう。台湾先住民は、冷徹な面もちで首を切っていったのだろうか。

クリスの実物を見たことはない。しかしそのモニュメントを見たことがある。ナショナルスポーツスタジアムの正面入口に、高さが十メートル近いクリスのモニュメントが立っているのだ。イギリス連邦の競技会のときにつくられたようだ。選手や応援に来たマレー人はこれを見て、マレー人魂を鼓舞させようとする意図なのだろうが、クリスの武器としての怖さを知ってしまうと足が停まってしまう。優しい笑顔のなかに潜むどろどろとしたものに腰が引けてしまう。華人の老人も、同じような感覚をもっているのかもしれなかった。

五月十三日事件を受け、マレーシア政府は新経済政策を立ちあげる。事件の原因を経済格差と分析し、マレー人の経済力を高めていく政策をとる。本格的にプミプトラ政策に舵を切ったわけだ。それまでもマレー人優遇策はとられていたが、政治体制も含め本腰を入れるわけだ。当時のアブドゥル・ラザク副首相は、「民族の融和と善意を守ってきたが、これからは民族間の格差の問題に正面からとりくむ」と発言している。

第二次大戦後に独立した多くの国は、この問題に直面していた。指導者は民族の融和を旗印に掲げた。さまざまな民族から支持を得るには、その方法しかなかったのだ。しかしその政策は、ときに風見鶏のようにくるくる変わり、融和とはほど遠い結果につながる国も少なくない。しかしマレーシアは、プミプトラ政策に本腰を入れることで融和策とは離れていくことになる。それを実行していったのがラザク

クリスのモニュメント。目立ちます。マレー人はこれを見あげて士気をあげる

とマハティール・モハマドという首相なのだが、その手法は、シンガポールの開発独裁のにおいがする。その評価はいまでも分かれているのだが。

「マレー人がやることだから……」

これはマレーシアを訪ねたときの口癖になってしまった。

たとえばKLセントラル駅で長距離列車の切符を買うとする。場所はKLセントラル駅の一階にある。そこに出向くと入口に三十人ほどの長い列があった。そこに並んだ。職員がひとりいて、客となにやら話して小さな紙きれを渡している。十分ほど待っただろうか。順番がきた。「どこまで?」と訊かれ、「バターワース」と答えた。すると職員は番号の記入された整理券をくれた。それを手に進むと待合室があった。前方にブースがあり、その上の電光掲示板に番号が映しだされる。自分の番号になったらその窓口へ向かえばいい。

待合室の椅子に座りながら、ふと考える。

「あの整理券を渡す場所はなんの意味があるんだろう」

そこから発券窓口に連絡がいっている様子もない。ただ単に整理券を配っているだけなのだ。発券機を一台置けばいいだけなのだ。職員もひとりしかいないから、

KLセントラル駅。立派になったが、長距離列車の発着は2時間に1本ほど

時間だけがかかってしまう。そんなとき、つい呟《つぶや》いてしまうのだ。

「マレー人がやることだから」

アジアへ行くと、ほとんど意味のない場所はいくつもある。小言が口をついて出てしまうことはときどきある。しかしラオスなら、「ラオス人がやることだから」と呟き、インドネシアなら、「インドネシア人だからな」と心のなかでいっている。しかしマレーシアではマレー人をやり玉に挙げてしまう。華人は顔を出さない。

そんな話を、クアラルンプールに十年以上暮らす日本人にした。

「そりゃそうですよ。KTMはプミプトラだからね」

彼はそういった。KTMはマレー鉄道公社の略である。典型的なプミプトラ系といっていい。おそらく職員の大半はマレー人だろう。マレーシアの交通機関は、その運営が民族で分かれている。鉄道がマレー系、長距離バスは華人系である。飛行機のマレーシア航空はマレー系だが、LCCのエアアジアはインド系だ。陸上交通はマレー系と華人系で分けあっているわけだが、バスのほうが圧倒的に便利だ。本数も多く、所要時間も短く、運賃も安い。勝負にならないのだ。

活気も違う。バスターミナルに行くと、さまざまな会社が小さなブースを構えていて、その呼び込みに圧倒される。小さな会社が、なかなかひとつにまとまること

クアラルンプールの長距離バスターミナル、TBS。とにかく巨大

ができないのは、いかにも華人系企業である。彼らは親族以外をあまり信じない。基本的には家族経営である。決断は早いが、大きな企業には成長しない。

しかしマレーシアの駅はだいたい閑散としている。長距離列車を走らせるKTMインターシティとクアラルンプールの近効を走るKTMコミューターを運営している。日本でいったらJRである。

「プミプトラ政策ってそういうことなんです。ビジネスという面でいったら、競争論理が成立しない。それにマレー人と華人では、明らかにその能力が違う。マレー人は優遇政策で守られているけど、もともと働かない人たち。そこにどんどん資金を投入してるってわけですよ」

件《くだん》の日本人はそういった。彼の勤める会社でも、マレー人には手を焼いているらしい。ひとりのマレー人を雇ったところ、出勤初日に遅刻してきた。上司が注意すると、翌日から会社に来なくなってしまったという。企業はマレー人を優先して採用しなくてはならない。彼には勤め先がいくらでもあるのだ。

シンガポールからマレー鉄道を北上したことがあった。マラッカに寄った。最寄駅はタンピン駅である。その駅舎を前にしたとき、ほーッと見あげてしまった。二階建てだが、高さは地上三階分はある。改築されたのか、内装は汚れのないベージュ色に統一されている。発券オフィスのある階上へあがるエレベーターもついていた。案内板には、カフェや礼拝所などがあることになっていたが、どちらも空きスペースになっていた。建物だけは大きいが、そこに入る店舗もなければ、管理するスタッフもいなかった。だいたい、駅の周囲には、申し訳程度に一軒の店があるだけだった。周囲は広い駐車場である。

発券オフィスの脇に掲げてあった時刻表を目にして、溜息が出た。北へ向かう列車は、一日三本しかなかった。

〈14：33　22：21　04：56〉

ぽつんと発車時刻が書かれているだけだった。上下で一日六本。そのためにこれだけ立派な駅をつくってしまう。原油で潤う中東の国が、余る予算に困り、金ぴかの空港をつくってしまうこととは訳が違った。二〇一四年のマレーシアの名目GDPは、約三千三百八十一億ドルで、日本の七パーセントほどという規模なのだ。予算の配分がやはりおかしい気がする。こういう建物を目にすると、プミプトラ政策というものに首を傾げたくなってしまう。

職員の姿もなかった。なにしろ上下合わせて六本しか列車がないのだ。仕事もあまり多くない。最近はだいぶよくなったが、KTMは遅れることも多く、このタンピンからクアラルンプールまで半日近くかかることも珍しくなかったらしい。頻繁に運行するバスに乗れば二時間の距離である。

マレーシア人のなかには、プミプトラ系のKTMは、遅くて運賃が高い、というイメージが刷り込まれているから、利用客も少ない。発券窓口の前には、三人の客が、職員が姿を見せるのをぼーッと待っているだけだった。発車五分前になって、ようやく、マレー語でトゥドゥンというスカーフで髪を覆った女性職員が現れ、なんとか乗り込むことができたのだが。

閑散としたホームから駅舎を見あげる。どう考えても立派すぎる。その光景がクアラルンプールのビル群と重なってしまう。

プミプトラ政策を実行するのもマレー人だから、自分たちの性格もわきまえていたのだろうか。当初、政府は公的企業に投資し、それがマレー系の民間企業に分配され、最終的にはマレー人の収入に反映されるという構図をつくった。しかしなかなかその流れはできなかった。マレー人は経営というものをあまり経験していなかったということもあるのだが、公の資金と個人の金の区別が曖昧だった。つまりは汚職である。苦慮した政府は、公的企業を次々に民営化していく。しかしそこを直撃したのはアジアの通貨危機だった。プミプトラ系企業は次々に破綻寸前まで追い込まれていく。そこで露呈してくるのが、プミプトラ系企業の経営内容の杜撰《ずさん》さだった。金の流れがあまりに不透明だった。しかしプミプトラ政策への優遇策は止められない。公的な資金をつぎ込むしかなかった。

マハティール元首相は、「華人やインド系住民の経営能力を学べ」とか、「日本の労働倫理を学べ」というルックイースト政策でマレー人を鼓吹《こすい》しようとしたのだが、彼らはプミプトラ政策の上に乗って、アイスティーをのんびりと飲んでいるのだった。

クアラルンプールの繁華街、ブキ・ビンタン。女性のスカーフの割合は？

二〇一五年八月二十九日、ナジブ・ラザク首相の退陣を求める大規模なデモが起きた。現首相はアブドゥル・ラザク元首相の息子である。現ラザク首相の個人口座へ、政府系ファンドから七億ドルにのぼる資金が送金されたという疑惑が発端だった。デモを呼びかけたのは、政治腐敗に反対する清潔という意味の「ブルシ」という団体だった。彼らは皆、黄色のTシャツを着た。その後、首相擁護派のデモも起きた。こちらのグループは赤いTシャツだった。黄色のTシャツと赤いTシャツ……。しばらく前のタイの政変を思いだす政治対立だった。

黄シャツ派が華人系で、赤シャツ派

がマレー系という人が多い。華人のなかにはプミプトラ政策への不満が溜まっていることは事実である。見直しを主張してはいるものの、ラザク首相はプミプトラ政策の推進役である。そもそもこの政策をはじめた元首相の息子である。汚職の疑いを機に、抗議行動を起こすというのは、わかりやすい構造だった。

しかし実際に黄色のTシャツ派のデモに加わった人に訊くと、「マレー人がかなりいた。いや、マレー人のほうが多かったかもしれない」というのだった。首相の汚職疑惑だから、マレー人が抗議するのはわかる。しかしそこには、民族問題というマレーシア独自の対立構図がある。

八月二十九日から三十日にかけてのデモの様子を撮った写真を見せてもらった。写っていたのは独立広場周辺に集まった夥《おびただ》しい数の人々だった。抗議行動は二日間に及んだ。徹夜で広場にいたのは、やはり若者が多い。顔だちから見ると、たしかにマレー人が多い気がする。延々と続くスマホの写真をスクロールしながら、二〇一四年に香港の路上を埋めた学生や市民を見ているような気分になった。もちろん主張は違う。顔だちも違う。香港は黒いTシャツだったが、クアラルンプールは黄色だ。しかしそこから漂ってくるエネルギーが似ている。

プミプトラ政策は、イギリスと日本の植民地支配が生んだ歪みに対するマレー人

すごくわかりやすいが、目に留まらないかっぱらい注意看板。きっとマレー人がつくった？

ナショナリズムの要素をもっている。批判はあるものの、政府はその政策を開発独裁型に似た手法で進めてきた。それは腐敗を生み、どこか実のない建物ばかりが目立つ風景をつくりあげてしまった。欠点ばかりが目立つが、内実はともあれ、プミプトラ政策の恩恵を受けたマレー人は少なからずいる。そのなかから中間層も生まれてきた。海外への留学を手にしたマレー人も少なくない。民族対立が生む分裂をぎりぎりのところでしのいだという結果もある。しかし独立広場を埋めた人々から伝わってくるものは、プミプトラ政策とは異質なものだ。深夜に疲れて路上に眠る若者のなかでは、すでにプミプトラ政策は形骸化しているようにも映るのだ。幼い顔だちの青年たち。その表情が、香港の若者たちの面もちとだぶってしかたなかった。

そして香港同様、クアラルンプールの数万人の抗議行動も、なんの成果も得られずに終わっている。

ロータリーが教えてくれる路上のプミプトラ状況

マレーシアには隅々までプミプトラ政策が行き渡っているが、実質経済では、やはり華人が強い。あまり表には出ないので、その実力は測りにくいが、一説では、マレーシア経済の七割は華人が握っているともいわれる。

「その現実？　そうですね。学校を見に行けばいいかもしれない。華人系の私立学校はとにかく立派ですから」

その学校は、KLセントラル駅から、KLモノレールでひと駅のトゥン・サンバンタン駅にあった。駅舎を出ると、その前を流れる川の向こうに、ベージュ色の校舎が見えた。たしかに立派な建物だ。一見、大学のようにも映る。校舎には、「抻成中学」と漢字で書かれていた。マレーシアの華人系私立学校は五年間の中高一貫教育になっているところが多いという。そのため、中学と書かれているようだ。もともとは女子校だったが、いまは共学だという。レベルはかなり高いらしい。

マレーシアでは大学への入学枠でも、マレー人が優先されていた。民族によって学生数が決められていたのだ。最近は実力重視に変わりつつあるようだが、その理由のひとつが、優秀な人材の海外流出だったといわれる。華人の子供は、大学の民族枠を嫌い、海外に留学してしまったのだ。

この学校の生徒も、卒業後は留学することが多かったのだろうか。

華人の実力……。それは街を歩いていると伝わってくる。たとえばコンビニや街角に置かれている新聞やフリーペーパー。その割合を見ると、マレー語と漢字が拮抗している。ときに漢字紙が多いこともある。情報という面でも、華人は一歩リードしているのかもしれない。

マレーシアはイギリスの影響を受け、ロータリー形式の環状交差点になっているところが多い。進んできた車は、環状の道路に入り、ぐるりとまわるようにしてその先の道に進んでいく。しかしマレーシアではそこで渋滞が起きる。

「運転を見ていると、さっと入るのは華人ですね。ちょっとでも車があくと、ツツーと車を進める。そこへいくと、マレー人はへた。入ろうとするんだけど、なかなか前へ出ることができないんですよ。そしていちばん大変なのがインド人。彼らは出ようとしない。しっかり車が途切れるまで待つんですよ。ロータリー渋滞を見ると、その先頭の車には、だいたいインド人が乗ってます。彼ら

抻成中学。きっと利発そうな華人の子供が通っているんだろうな。想像してみてください

は、そういうこと、まったく気にしないみたい」

クアラルンプールに暮らす駐在員はそんな話をしてくれた。機転が利く華人。機転を利かそうとするのだが、なかなかうまくいかないマレー人。マイペースのインド系住民。そういう構図らしい。

同じ民族なら、アイコンタクトというものがある。あの車は入れてくれるな……そんな臆測で車を前に出すことは多い。しかしマレーシアでは、そこがうまくいかない。互いの視線を読めないから、ロータリーに入るのに時間がかかるのだ。

「事故が起きたときは、はっきりいっ

てマレー人のほうが有利。警察も役人もマレー人ですからね。華人は運転には気をつけないと、かなりの賄賂をとられるんです」

ひとりの華人が話してくれた。

路上のプミプトラ状況ということだろうか。

第七章

マレーシア

LCC

多民族国家が
エアアジアを生んだ？

なぜマレーシアだったのだろうか。エアアジアの狭い座席でときどき考えることがある。LCCの機内ではすることがない。寝てしまえばいいのだが、妙に頭が冴えてしまったときなど、はじめてLCCに乗ったときのことなど、ふと思いだすことがある。

エアアジアは二〇〇一年に運航をはじめている。CEOのトニー・フェルナンデスが、破綻状態だった航空会社を一リンギットで買いとってはじめた話は広く知られている。

やはりプミプトラ政策だろうか……などと勘ぐってもみる。トニー・フェルナンデスは、当時の首相、マハティール・モハマドの強い希望もあって、エアアジアの運航をはじめたといわれている。LCCを就航させることは、そう簡単ではない。既存の航空会社の強い抵抗があるからだ。しかし政府の肝いりとなれば話は違う。

通常、エアアジアに対して神経をとがらせるのは、既存航空会社、マレーシア航空である。プミプトラ政策を進めるマハティール首相だったが、その一方で、プミプトラ企業内の問題も抱えていた。優遇されているということが生む非効率や怠慢、そして汚職……。経営状態が悪くなっても、最後には政府が資金を投入してくれるとわかっていたら、いくらのんびりとしたマレー人でなくても、働かなくなってしまう。マレーシア航空は、典型的なプミプトラ企業だった。政府はＬＣＣを設立することで、マレーシアの航空業界に刺激を与えたかった気もする。

トニー・フェルナンデスはインド系のマレーシア人である。マハティール首相は、インド系の男の経営手腕に期待したのかもしれない。

エアアジアは、ほかの国のＬＣＣに比べれば、実にスムーズに経営を軌道に乗せている。運航をはじめてから二年で黒字に転換している。それを後押ししたマレーシア政府……。そんな気もするのだ。

ＬＣＣが軌道に乗るまでには、さまざまな問題をクリアしていかなくてはならない。

ＬＣＣのひな型が生まれたのはアメリカだった。一九六七年に運航をはじめたサウスウエスト航空である。南部のダラス、ヒューストン、サンアントニオを、長距離バス並みの運賃で結んだ。サウスウエスト航空はこんなポリシーを掲げていた。

「安い運賃と定時運航を守るためにはサービスを最低限にする」

現在のLCCも、この理念を踏襲している。

アメリカ南部の小さな航空会社だったが、その安さとシステムは、少しずつ話題になっていった。

僕がこの航空会社の話を聞いたのは一九九〇年頃のことだと思う。早く知ったのは、当時、『格安航空券ガイド』という雑誌の編集にかかわっていたからだ。書籍のデビュー作は、『12万円で世界を歩く』（朝日文庫）という貧乏旅行記である。そのとき使ったのは、当時、日本の大手航空会社が違法とまでいっていた格安航空券だった。日本に乗り入れる航空会社は、団体用割引航空券をホールセラーという問屋を通して販売していた。それを個人客にバラ売りする方法が生まれた。それが格安航空券だった。団体ではないわけだから、航空会社がルール違反と指摘する根拠はあった。しかし安い航空券を望む声は高かった。

日本の航空券運賃は、この構造で安くなっていった。

『12万円で世界を歩く』という本を書いた流れで、この格安航空券の価格情報を掲載する雑誌が立ちあがり、その編集を任されることになった。雑誌というものには、さまざまな人がかかわってくる。「こんな情報があるから、原稿を書かせてもらえませんか」という売り込みも多い。

その人たちのなかに、飛行機オタクのグループがいた。彼らは、機材派、運航システム派、空港派などにその興味が分化していたが、そのひとりから、サウスウエスト航空の話を聞いたのだ。彼はこの航空会社に乗るために、アメリカまで行っていた。機材を統一し、航空券も簡素化するなどの工夫もあったが、彼が感心したのは、飛行機というものへの気楽さだった。

「いや、目からウロコですよ。なにしろ席は決まっていないから早い者勝ち。皆、勝手に乗り込んでいく感じ。客室乗務員もフレンドリーでね。制服もポロシャツに半ズボンですから。機内でもしょっちゅうジョークを飛ばすんです」

日本もいつか、そんな日が来るだろうとは思った。しかし当時の日本は、団体向けの安い航空券をバラ売りという形でこっそりと売る時代だった。『格安航空券ガイド』は運賃情報を載せていたが、航空会社名は伏せられることが多かった。発覚すると、扱う旅行会社が航空券を仕入れることができなくなるからだった。ＬＣＣという言葉もなかった。耳にした飛行機オタク氏の話は、まだ海の向こうのできごとだった。

しかし欧米は違った。規制緩和のなかでいくつかの航空会社が生まれた。サウスウエスト航空のスタイルを真似れば、多くの乗客を望めると読んだ航空会社もあった。

レイカー航空は、ニューヨーク－ロンドン間に、片道三万円を切る運賃で参入した。スカイトレインという名前だった。列車並み運賃の飛行機ということだろうか。しかし、この路線をドル箱にしていた大手航空会社が連係してレイカー航空潰しにかかった。商法に触れそうな気もするのだが、レイカー航空より安い運賃の便をレイカー航空の発着時刻に合わせて就航させるといった方策に出た。結局、レイカー航空は倒産してしまう。

マイアミとワシントンを結んだエア・フロリダは事故によって倒産に追い込まれた。安い運賃が人気を集めたが、一九八二年に大事故を起こす。ワシントン空港を飛びたったエア・フロリダ機は失速し、ポトマック川に墜落してしまった。その後もトラブルが続いたエア・フロリダは、危ない航空会社というイメージが広がり、やがて倒産してしまう。

既存の大手航空会社は、もとは国営のナショナルフラッグというところが多い。そういった会社は政府とパイプをもっている。事故などによって経営が悪化しても、なにかしらの救済の手がさしのべられることが多い。しかし安さを売りものにする新興航空会社は、政府という後ろ盾がなかった。大事故は致命的だった。

日本にＬＣＣが就航した頃、シンポジウムに駆りだされることが何回かあった。その場には、ＬＣＣの経営者が出席することもあった。彼らはこういっていたものだ。

「もし、大きな事故を起こしたら、即刻、レッドカードです」

それだけ安全面には気を配っていると訴えていた。安い航空会社への不安を払拭《ふっしょく》したいための発言だったが、安い航空会社は危ないというイメージは、エア・フロリダが植えつけてしまった感がある。

その後、安い運賃を売りものにする航空会社は鳴りを潜めるのだが、一九九〇年代に入って息を吹き返す。

その大きな要因がインターネットだった。欧米では、パソコンがオフィスだけでなく、家庭にも普及しはじめる。そしてインターネットがそのパソコンを結びつけるようになる。安い運賃を売りものにする航空会社は、このツールを利用しはじめる。販売店をもたず、インターネットで予約を受け、支払いもインターネットですませていく。この流れができあがったことで、安い運賃の航空会社は、再び欧米の空に存在感を示しはじめる。ＬＣＣ、つまりローコストキャリアの略称が生まれたのもこの頃のように思う。

このLCCが東南アジアに飛び火するのは、二〇〇〇年前後からだ。フィリピンのセブ・パシフィック航空、インドネシアのライオンエアに続き、二〇〇一年のエアアジアが就航をはじめる。

アジアで次々に誕生するLCCの運賃は衝撃だった。エアアジアは、クアラルンプールからマレー半島南端のジョホールバルまでの運賃を三十リンギット台で提示していた。当時の日本円のレートで計算すると八百円前後という金額だった。僕はモニターに映しだされた数字の前でしばらくかたまってしまった。機材を統一し、食事などの機内サービスをやめ、預ける荷物は有料になった。それ以外にも、飛行機までは乗客が歩き、ボーディングブリッジも使わなかった。座席は膝がぴったりと前席の背についてしまうほど狭かった。思いつく限りの節約をしていた。予約はインターネットに統一し、店舗もなかった。聞かされる経費節減の話は、ひとつ、ひとつ納得できた。せこいほど現実的な話だった。しかしその結果、打ちだされる運賃は非現実的だった。いったいいままでの航空運賃とはなんだったのだろうか。

その情報誌にかかわる身としたら、なにか足を掬《すく》われたような心境だった。

片道航空券がとんでもなく安く買えること——。実はこの発券システムにも虚を衝《つ》かれた思いがした。航空券の価格情報誌にかかわるなかで、日本で販売される航空券についてはかなり詳しくなっていた。日本の格安航空券は、団体用の割引航空券をバラ売りしているため、すべて往復航空券だった。団体だから、片道航空券を利用するということがありえなかったのだ。往路と復路の便が限定されるＦＩＸ航空券が主流だった。格安航空券も少しずつ進化し、帰りの便が変更できる航空券も販売されるようになったが、航空券代はかなり高くなった。

しかし海外は事情が違った。航空券代を単純に割り引くという発想だった。その流れに沿ったＬＣＣも当然、片道航空券の販売スタイルになった。日本は往復航空券を買って、はじめて安くなるという世界だった。

僕はバックパッカースタイルの旅を続けていた。飛行機にはあまり乗らず、長距離バスや列車に乗ることが多かった。買う切符は片道だった。旅というものはそういうものだった。しかし日本で安い航空券を買おうとすると、必ず往復航空券になってしまった。帰国日が決められてしまう旅……。それはバックパッカーの旅ではなかった。

ＬＣＣはそんな旅から解放させてくれる航空会社群でもあったのだ。

一時は興奮ぎみにＬＣＣを追いかけていたが、僕は日本で発売される航空券情報誌の編集長だった。そういう立場をころっと忘れてしまっていた。ふと雑誌に視線を落とすと、苦しい台所事情に追い込まれていた。理由は、LCCを広めたインターネットだった。格安航空券を販売する旅行会社は、その価格情報をインターネットを通じて告知するスタイルをとりはじめていた。情報誌に載せようとすると掲載料がかかった。二カ月に一回の発行だったから、価格情報も古くなる。雑誌という媒体に頼る旅行会社が次々に減っていってしまったのだ。

LCCのシェアの広まりに反比例するように雑誌の売りあげは減っていった。そして二〇〇四年、休刊せざるをえなくなった。

エアアジア——。いったいこれまで、何回乗っただろうと思う。月一回はアジアに向かっている。日本からは既存の航空会社を使うことが多いが、アジア内では、ほぼLCCに乗っている。いまのアジアはさまざまなLCCが就航している。そのなかでは、エアアジアは決して安いわけではない。しかし、なぜか乗ってしまう。運航スケジュールや運賃を比べていくと、結局はエアアジアになってしまうことが多い。やはり圧倒的に便数が多い気がする。これまで百回？　いや二百回以上は乗っているかもしれない。

はじめて乗った頃の感慨はもはやない。なにも考えずにチェックインをし、流れ作業のようにあの黒い合成皮革のシートに身を沈めている。機内食など、特別なサービスはないから、ほかのＬＣＣと比較する要素も少ない。アジアの旅の日常風景になりつつある。

エアアジアが運航を開始したあとの勢いはすごかった。次々と新路線に就航した。タイ・エアアジアとインドネシア・エアアジアもつくられた。僕がはじめてエアアジアに乗ったのは、バンコクとチェンマイの間を飛ぶタイ・エアアジアだった。それまで乗っていたタイ国際航空の半値ほどの運賃だった。

マレーシア政府がからんだ融資もスムーズだった気がする。マハティール首相にしたら、非マレー系企業の成長は望ましいことだったはずだ。

通常なら、マレーシア航空との競争がはじまる。マレーシア航空はエアアジアの急成長に危機感を抱くはずだ。しかしそんな話はマレーシアから聞こえてこなかった。

一度、中国の杭州からエアアジアでクアラルンプールに向かったことがあった。しかしその便が欠航。それを知らされたのは杭州の空港だった。振り替えになったが、それは翌朝、上海空港から出るマレーシア航空だった。

二〇〇六年、原油高によってマレーシア航空の経営が悪化する。その解決策として、マレーシア国内の九十六路線をエアアジアに譲っている。

エアアジアとマレーシア航空。そこには、世界のＬＣＣと既存航空会社にはない関係がつくられていた。

エアアジアをつくったトニー・フェルナンデスは、イギリスに留学し、一時期、ヴァージン・アトランティック航空で働いていた。欧米でＬＣＣがシェアを広げる一九九〇年代にはマレーシアに戻っているが、そのビジネススタイルには詳しかったはずだ。インターネットが、その普及を支えはじめたとき、インド人という回路がつながったのかもしれない。クアラルンプールに住む日本人はこういう。

「インド系のマレーシア人にしたら、ちょっとうれしいんじゃないかな。マレーシアの民族問題って話になると、どうしてもマレー人と華人の話になる。インド系は人口の七パーセントですから、どうしてもね。ＬＣＣは航空会社っていうより、ＩＴ系の企業っていうイメージもある。インド人の能力を発揮できる場だったんですよ」

二〇〇七年、クアラルンプールでインド系住民のデモも起きている。警察は催涙弾や放水車で応戦するほどの騒ぎになった。主張はもちろん、マレー人を優遇するプミプトラ政策への抗議だった。しかし華人の要求とは違う内容も含まれていた。

かつてこのエリアを植民地にしたイギリスへの賠償要求だった。海峡植民地時代、華人は混乱する中国を逃れ、新天地を求めてきた人が多く含まれていた。海峡華人はとくにその傾向が強い。それは自主的な行動だった。国というより、幇《ぱん》という血族や同郷の人々の互助会的な組織のつながりのほうが強かった。しかしインド系の人々は、イギリスによって連れてこられた人が多かった。その被害者意識が彼らのなかには潜んでいた。

エアアジアはインド系――。そんな視線で眺めると、スタッフにはインド系が多いような気もする。マレー人を優遇しなくてはいけないから、マレー人スタッフもいるのだが。

クアラルンプールにはエアアジア専用とも思えるターミナルがある。以前はＬＣＣＴと呼ばれていた。いまは新しいターミナルになり、ｋｌｉａ２という。昔もいまも、そこにはトラブル処理カウンターがある。以前のエアアジアは飛行機が遅れることがよくあった。ＬＣＣは予備機がなく、ぎりぎりの台数の飛行機を使いまわしているから、一機の遅れは、玉突き式にほかの便の遅れを招く。このカウンターの仕事は、他の便に振り替えるなど、遅れへの処理が多かった。乗客のなかには、遅れに怒っている人もいるから、この対応はなかなか難しい。僕も何回かこのカウンターのお世話になった。そこに座っているのは、いつもインド系の中年男性だった。重要なポジションはインド系ということだろうか。

「そういえば、エアアジアの客室乗務員って、スカーフを被っていないですよね」

阿部カメラマンもしばしばエアアジアに乗っている。

「マレーシア航空の客室乗務員も被っていないけど……。ただ、客室乗務員にマレー人は少ないような気がするな。華人かインド系……。チェックインカウンターにはマレー人女性がいるけど、スカーフ、被っているからね」

トゥドゥンと呼ばれるスカーフは必ず被らなければいけないものではない。オフィス街で見かけるスーツ姿の女性には被っていない女性もいる。テレビに登場する歌手やタレントも髪を出している人が多い。しかしそれは職業上のことで、一般の女性となると、ほぼトゥドゥンを被っている。それをとって働くことに抵抗があるのかもしれない。

「あの化粧、気になりません？　濃いっていうより、きつい感じ。聞いた話ですけど、あれってトニー・フェルナンデスの好みだっていいますけど」

「たしかにインド人っぽい化粧かもしれない。とくに目のあたりとか」

エアアジアはインド色が強い気がする。それがうまくいった理由なのだろうか。

新しくできたklia２は、ショッピングモールのようだ

klia２にはカプセルホテルが。クアラルンプールにもある。マレーシア人好み？

エアアジアの急成長は、むしろ周辺国の既存航空会社を刺激する。シンガポール航空は、子会社のLCC、タイガー・エアウェイズをつくった。いまはタイガーエアという名前になったが。タイのタイ国際航空はノックエアというLCCをつくった。

タイの場合は、また別のベクトルが作用した。タイ・エアアジアの就航を全面的に支援したのは、当時のタクシン政権だった。タクシンはクーデターによって追放され、タイはタクシン元首相派とそれに反対する勢力が拮抗する不安定な政治状況に陥っていく。この勢力争いは、タイの金融界や企業を二分していった。タイ国際航空は反タクシン派だった。

タクシン元首相派は赤いTシャツを着たことから赤シャツ派と呼ばれ、反対勢力は黄色のTシャツを選び、黄シャツ派と呼ばれた。

「エアアジアの客室乗務員の制服は赤でしょ。これはタイとは関係なく、エアアジアの色なんだけど、ノックエアの制服は黄色。あれは明らかに意図的ですよ」

当時のタイ人たちはそういっていた。

ノックエアは、主にタイの国内線に就航した。それに対して、タイガーエアは、東南アジア全域や中国、インド方面まで路線を増やしていった。そしてもうひとつ、

インフォメーションにいるのはマレー系の女性。親切で助かっている

以前のターミナルは LCCT と呼ばれた。バスターミナルのようだった

オーストラリアのカンタス航空の子会社であるジェットスターがシンガポールを拠点に東南アジアに路線を広げていった。

東南アジアの国際路線に就航しているLCCを見ると、エアアジア、タイガーエア、ジェットスターの三社の競争の感がある。アジアではそれぞれの国にLCCが生まれている。韓国のチェジュ航空、中国の春秋航空、ベトナムのベトジェットエア、インドネシアのライオンエアあたりの元気がいい。しかしLCCは中短距離の路線を得意にするから、国際路線の便数はそう多くない。その点、エアアジアとタイガーエア、ジェットスターは、かなりの国際線路線網をもっている。とくに最近は、中国方面への路線を増やしている。シンガポールのチャンギ空港やクアラルンプールのLCC専門ターミナルのklia2の電光掲示板に映しだされる目的地を見ると、重慶、成都、長沙……といった中国の地方都市の名前がずらりと並ぶ。いまはもう、中国といっても上海や北京だけの時代ではないのだ。

アジアを動きまわるとき、最終的にはエアアジアとタイガーエアに乗ることが多くなる。路線や便数のためなのか、ジェットスターに乗る機会は少ない。マレーシアとシンガポール。このふたつの国のLCCが頼りなのだ。別にLCCによって旅のルートが決まるわけではないが、気がつくと、このどちらかに乗っていることが

KLセントラルまではバスが11リンギット。電車は３倍以上ととんでもなく高い

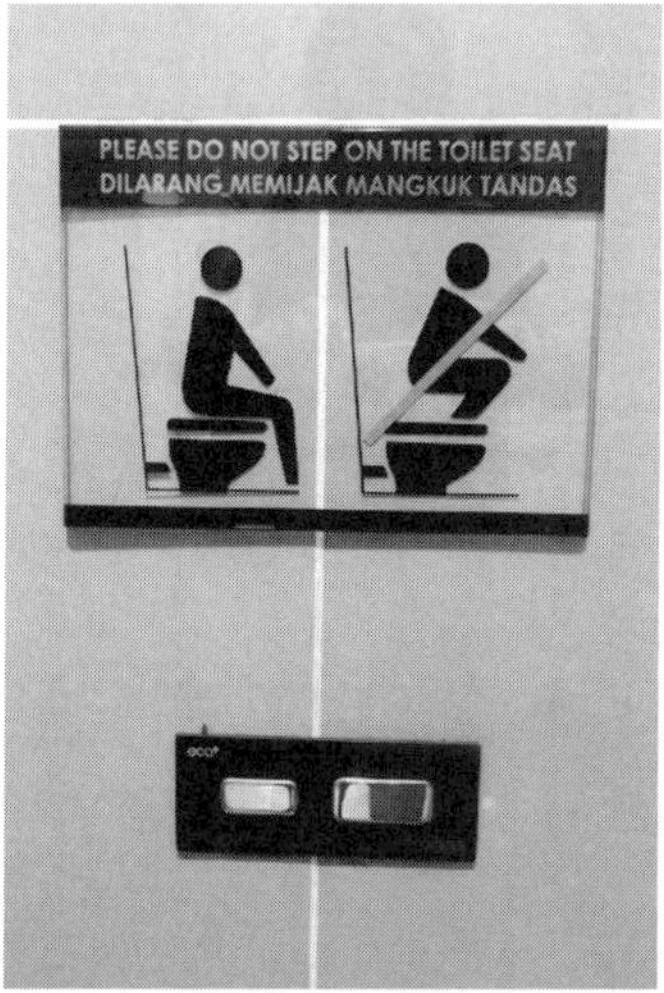

空港のトイレにはこんな説明が。アジアの空港に広めてほしい表示だ

多い。

エアアジアとタイガーエアは、いってみればライバルである。明確な競争相手である。エアアジアは就航をはじめてすぐ、クアラルンプールとシンガポールを結ぶ路線に乗り入れようとした。しかしその交渉はなかなか進まなかった。互いにライバル視していたこともあるのだが、マレーシアとシンガポールが互いの国に抱く不信と妬みのようなものが頭をもたげてくるのだろう。マレー人優遇策に傾くマレーシアはシンガポールを追放した。シンガポールの独立はやはり不自然である。しかしその後、シンガポールは発展し、アジアで最もひとり当たりの名目GDPが高い国になっていった。その成長への不快感がマレーシア人の喉に刺さっている。さまざまな交渉を、互いにすんなりと受け入れる土壌はまだできあがっていない。

隣りあう国は、えてして仲が悪いものだが、マレーシアとシンガポールの場合は、そこに植民地という歴史が入り込み、話が曲がりくねってしまった。マレー鉄道の駅や線路をめぐる交渉が延々と続いたように、エアアジアのシンガポール乗り入れ交渉は意地の張りあいが長く続いた。ようやくエアアジアがシンガポールの空に姿を見せたのは、交渉がはじまってから七年後のことだったという。

エアアジアはその勢いに乗って日本にもやってきた。日本は日本航空と全日空と

手前のライオンエアはエアアジアより確実に安い。予約サイトは難解だが

タイガーエアがエアアジアか。モニターの前でいつも悩む

いう大手二社の思惑もあり、ＬＣＣの就航は遅れていた。一九九〇年代の欧米、二〇〇〇年代のアジアと、ＬＣＣの嵐は吹き荒れていたが、その風はなかなか日本には吹かなかった。日本でも安い運賃を売りものにする航空会社が生まれてはいたが、規制や大手航空会社の圧力で、なかなか嵐を起こすことができないでいた。旅行者の間では、こんな話が交されていた。

「とにかくＬＣＣが就航しているアジアの都市に出ることだろうね。そこから先はかなり安い航空券が手に入る」

日本は世界の航空業界の流れからいえば、周回遅れのランナーだった。アジアでＬＣＣに慣れた旅行者たちは、なんとか既得権を守ろうとする日本の構造を苦々しく眺めていた。

しかし二〇〇八年、ようやく日本の空に風穴が開きはじめた。フィリピンのセブ・パシフィックやジェットスターが日本への乗り入れを開始した。エアアジアは全日空と合弁のエアアジア・ジャパンをつくり、二〇一二年に日本の空を飛びはじめた。

〈ＮＯＷ　ＥＶＥＲＹＯＮＥ　ＣＡＮ　ＦＬＹ〉というロゴが躍る機体を成田空港で見たときは、ちょっと感動した。

「もう誰でも飛べる」

とでも訳してみようか。アジアのさまざまな空港でエアアジアに乗ったときのシーンが浮かびあがる。あれはマレーシアのランカウイの空港だっただろうか。エアアジアのチェックインカウンターに並んでいたおじさんは竹製のかごを背負っていた。そのなかに鎌が入っていてスタッフに注意されていた。おじさんはバスに乗る感覚で空港にやってきたのだ。

ＬＣＣが乗り入れるとき、必ずといっていいほど、既存の航空会社からの反発を受ける。そのときＬＣＣ側はこういうのだという。

「新しくＬＣＣに乗る人は、いままで飛行機に乗っていた人ではなく、バスに乗っていた層なんです」

アジアの空港を見ていると、たしかにそんな雰囲気があった。バス並み運賃になったことで、飛行機が一気に気楽な乗り物になった。そんな飛行機が日本の空を飛ぶようになった。

その後、沖縄やソウル、釜山《プサン》へ向かうエアアジア・ジャパンに乗るようになった。出発時刻が早く、ほぼ徹夜で乗ったこともあったが、やはり安かった。

しかしエアアジア・ジャパンは迷走した。日本には日本航空や全日空がつくりあげた飛行機の世界があった。チェックインの締め切り時間は、LCCより大幅に遅かった。預ける荷物も無料である。そこかしこに日本式サービスが施された世界では、LCCは異物だった。システムの変更など、日本サイドとエアアジアの交渉が続いたというが、エアアジアにはマレーシア、そしてタイやインドネシアで成功したという自負があった。インド系の人には頑固な人が多い。トニー・フェルナンデスがとりわけ頑固とはいわないが。

結局、エアアジアと全日空の合弁は、二年で解消されてしまった。いまは全日空の完全子会社であるバニラエアというLCCに変わった。その後、エアアジアは、楽天などと手を組み、中部国際空港を拠点にするエアアジア・ジャパンをつくった。二〇一六年四月の就航を予定している。

エアアジアは二〇一四年、大きな事故を起こした。インドネシア・エアアジアのスラバヤ発シンガポール行きの飛行機が海上に墜落してしまった。乗客や乗員、百六十二人全員が死亡したとみられている。悪天候が原因だったという調査も出ている。この事故を耳にしたとき、

「もし、大きな事故を起こしたら、即刻、レッドカードです」

という言葉を思いだした。しかしバンコクに住む知人はこういう。

「エアアジアは避けようと思いましたよ。でも、ルートや時間、運賃を探索していくと、結局、エアアジアになっちゃうんですよ」

僕も同様である。アジアの空をつなぐエアアジアは、そこまでの航空会社になっていた。

長距離路線では苦戦するＬＣＣ

ＬＣＣは東南アジアの中短距離路線を席巻した。その勢いに乗って、長距離路線にも航路を広げている。エアアジアはエアアジアＸ、シンガポール航空はスクートという、長距離を得意にするＬＣＣをつくった。

しかしこの長距離ＬＣＣが苦戦している。なかなか安い運賃を打ち出せないのだ。

東京からシンガポールを結ぶ路線を見てみる。二〇一五年の十二月初旬で見ると、最も安いのは台湾のチャイナエアラインで、往復四万円弱という運賃が出てきた。中国国際航空やベトナム航空も四万円弱。ＬＣＣであるスクートは四万四千円ほどになってしまう。直行便はシンガポール航空が五万円ほどである。

日本とクアラルンプールを結ぶ路線も見てみる。さすがにエアアジアＸが安く四万五千円ほどだ。しかし中国の中国南方航空や中国東方航空との料金差は二千円から四千円しかない。

LCC より安いチャイナエアライン。これ、最近のアジアの常識です

シンガポール路線とクアラルンプール路線でのＬＣＣと既存の航空会社との料金差は二千円から五千円といったところなのだ。

この料金差は微妙である。ＬＣＣは機内食はなく、荷物も有料になっている会社が多い。距離が長くなると、機内食を食べることが多くなる。中短距離の旅は荷物も少ないから、荷物を預ける人も少ない。しかし長距離となると違ってくる。機内食と荷物代を考慮していくとほぼ同じ運賃になってしまうのだ。

同じ運賃なら、多くの人が既存の航空会社を選ぶ。既存の航空会社はフルサービスが基本だ。機内では映画を観ることもできる。マイレージを貯めている人なら、当然、既存の航空会社を選ぶだろう。

ＬＣＣは中距離や短距離では、目を疑うような運賃を導くことができる。しかし長距離になると、一気に精彩を欠いてしまう。

ＬＣＣには運賃を安くするさまざまなノウハウがある。しかしその多くは、中短距離で機能する。長い距離になると、その節約術がなかなか運賃に反映されないのだ。

もちろん既存の航空会社の思惑もある。運賃的にＬＣＣに対抗する価格を打ち出そうとしているのだ。

僕自身、東南アジアへのフライトは、日本からは既存の航空会社、東南アジア内はＬＣＣというパターンが多い。運賃とサービスを秤にかけていくと、そういうことになってしまうのだ。

欧米の空はさらに競争が激しくなってきている。長距離便は既存の航空会社が強い傾向は同じだが、中短距離でもシェアの奪いあいが熾烈だ。東南アジアでは、長距離便と中短距離便で住み分けができつつあるが、欧米は混沌としている。既存の航空会社が、ＬＣＣのノウハウを次々にとり込み、いってみれば

ＬＣＣ化を進めているのだ。

前の座席との間隔はＬＣＣ並みになり、預ける荷物にも制限を加えているところもある。

「ＬＣＣと既存の航空会社との差は、結局のところ、無料の機内食を出すか、出さないか、しかないかもしれません」

航空業界の専門家はそういうが、既存の航空会社の機内食も、年を追って簡素なものになりつつある。

ＬＣＣ間の競争も激しくなってきている。ＬＣＣのなかには、搭乗率をあげるために、かつては、「ないことで安くなっている」と強調したサービスをとり込んでいるところも多い。簡単な軽食を出したり、預ける荷物を無料にしたり……。

ＬＣＣと既存の航空会社との境目は、年を追うごとに曖昧になってきていると思っていい。

第八章

在住者がすすめる
週末シンガポール・マレーシア

シンガポール中華の穴場

駒谷佳子

シンガポールを紹介するガイドブックには、中華料理、マレー料理、インド料理、西洋料理、日本食のお店などが載っている。ただし気をつけなくてはいけないのは、税金とサービスチャージ。通常シンガポールのレストランやバーでは、税金（GST）七パーセントとサービスチャージ一〇パーセントが加算される。たいしたサービスが提供されない場合でも。

シンガポールの中華といえば、どのガイドブックにもチャイナタウンのレストランが紹介されている。しかし人気店はすぐに値段があがってしまう。そして税金とサービスチャージが加わってくる。

そこでゲイラン地区。穴場である。チャイナタウンの中華と味は変わらないが、税金とサービスチャージが加算されないお店が多い。

ゲイラン地区は政府公認の風俗店がある街だ。多くの出稼ぎ労働者も住んでいる。しかし公団住宅や外国人用高級マンションもある。治安が悪いわけではない。こういう地区には、穴場のお店があるのがシンガポール。女性客より男性客が多い地区なので女性は店に入りづらいかもしれないが、それをあまり気にしなければ納得のシンガポール中華が安く味わえる。ゲイランにある三店を紹介しよう。

老東北美食（〈Lorong 1〉71 Geylang Road Singapore 389194）

本場中国、東北地方出身の料理人の店。ピータン豆腐と餃子がおすすめ。メニューは中国語、英語。店員を呼ばなくてもｉＰａｄで注文できる。

老東北美食の外観

餃子

ピータン豆腐

餃子は皮からつくり、もちもちな食感。具にセロリと豚肉とニンニクが入っている。五ドル（十個）。

ピータン豆腐はピータンと豆腐にネギ、パクチー、醤油で味付け。ピータンが好きな人にはたまらない一品だ。六ドル。

思蜀（733 Geylang Road Singapore 389644）

四川料理の店。ビールが大瓶六ドルと安く、三本頼むと一本サービス。メニューは英語、中国語。

豚肉蒸しは辛いたれに付けて食べる一品。病みつきになる辛さでビールのつまみには最高。

麻婆豆腐は、激辛でもなく、甘くもなく、絶妙の味付けがされている。シンガポールで食べたなかでは、星五ツ。八・八ドル。ご飯との相性がいい。量も多く満足。

思蜀の外観

豚肉蒸し

麻婆豆腐

刘大妈无烟羊肉串（260 Geylang Road Singapore 389316）

中国式羊肉の串焼きの店。メニューは英語、中国語。ジャガイモ炒めはシャキシャキの食感でビネガーの味が効いていてビールに合う。七ドル。

羊の肉を特製だれに何日か漬け込み、クミンやチリのパウダーをかけて炭火で焼く。かなりしっかりした味で日本の焼き鳥よりも肉が小ぶりで食べやすい。くせになる味である。一串〇・八ドル。

鴨の首肉は日本では食べられないだろう。たれに漬け込んで炭火で焼いている。骨があるので周りの肉をむしゃぶり食べる。見た目は微妙だが、食べてみると止まらなくなる。一本（はさみで食べやすいように切ってくれる）二ドル。

刘大妈无烟羊肉串の外観

ジャガイモ炒め

鴨肉（左）と羊肉

シンガポール

「赤ちょうちんの秘密」ツアー

センプル香織

いまでは賑やかに食べ物屋やお土産屋が建ち並ぶ観光名所のひとつ、チャイナタウン。しかしこのエリアは、一八八〇年代は売春、アヘン、ギャンブルの巣窟でした。貧しい家庭に生まれた娘は売春婦として売られ、このエリアの売春宿で働いていたといいます。日本からも「からゆきさん」と呼ばれる娘たちがシンガポールに行きました。

現在シンガポールの売春宿は合法ですが、客引き禁止、売春婦は十八歳以上、健康診断は必ず受けていることなどの規則があります。

そんなチャイナタウンに広がる売春宿の跡地（いまではショップハウスと呼ばれる建物）、そしていまでもひっそりと営業する三軒ほどの合法売春宿など、路地裏を散策するツアーはあります。ツアー名は「Secrets of the Red Lantern（赤ちょうちんの秘密）」。英語のガイドのみですが。

私がこのツアーに参加したのは二〇〇八年。金曜日の夕方六時半、地下鉄チャイナタウン駅が集合場所でした。参加したのは欧米人が十人ほど。シンガポール人の女性のガイドひとりを先頭に、チャイナタウンを歩きはじめました。

最も賑わっている一帯には屋台や出店が出、ごちゃごちゃしているので気づかなかったのですが、見るとショップハウスと呼ばれる狭くて細長い家屋が続いています。カラフルな色使いのプラナカン様式。マレーと中華の文化がミックスされた東南アジアの独特な文化を象徴するシンガポールのユニークな文化遺産でもあります。ガイドさんによると、このあたり一帯はすべて売春宿だったとのこと。現在の様子からは想像がつきません。

やがてクレタ・アイヤー・ロードへ。ちょっと裏路地に入ると、ノスタルジックながらも、陰鬱な雰囲気が漂ってきます。ガイドさんはケオン・セック・ロード沿いにいまでも売春宿として営業している店のそばまで連れていってくれました。道の向かいから指された先を見ると……、これまた陰気な赤い字で、「8下」や「二楼6－A」「三楼6－B」などと書かれています。これが目印？

誰か入っていくかどうか観察していましたが結局誰も入っていく様子はありませんでした。もっと遅い時間にならないとお客さんは来ないのかもしれません。

その場でガイドさんが、シンガポールの性に関する法律を説明してくれました。

プラナカン様式のショップハウス

「シンガポールではかつてオーラルセックス、アナルセックスは異性間でも違法でした。しかし、二〇〇七年に解除。でも、男性間のオーラルセックスとアナルセックスは違法と決められています」

ツアー客は、「女性間はいいってこと?」などと話していたのですが、そのとき、アメリカ人ツアー客のひとりが、突如、

「こんな話は子供に聞かせられない!」

と叫んだのです。その女性は子供と一緒に参加していました。彼女は子供の耳をふさぎながら帰っていってしまいました。

皆、あっけにとられたように立ち尽くしていました。ガイドさんは狼狽してし

まい、涙を流しながら、「そんなつもりではなかったのに、傷つけてしまってごめんなさい」と謝りはじめたのです。ほかのツアー客からは、「あのアメリカ人がこのツアーに子供を連れてくること自体、最初から間違っているのだし、ツアーの内容を理解して参加しているはずだから、あなたのせいじゃないですよ。あなたのガイドはとてもよかったし、楽しかったから、気にしないで」と声があがって、あっという間に解散。たしかに、いろいろな意味で面白いツアーでした。

こんな経緯があったせいでしょうか、現在このツアーは、参加条件は十八歳以上となっています。

そしてツアー内容も変更になり、チャイナタウン散策のあと、バスに乗ってゲイランに行き、ゲイランの売春宿エリアも散策するコースが含まれています。

■ツアーの詳細

【ツアー会社】Journeys（ジャーニーズ）

【参加費】一人55ドル

【参加条件】18歳以上

【予約先】電話　6325－1631、6214－2451

E-mail　fun@singaporewalks.com

【ウェブサイト】http://www.journeys.com.sg/singaporewalks/tours_redlantern.asp

【日時】金曜日の18時～20時30分

【集合場所】チャイナタウン駅、パゴダストリートに出る、出口Aのエスカレーターを上がったところ

※ツアー参加はできれば事前に予約するほうがよい。木曜日の17時までに予約を。もしくは当日集合場所へ早めに行って空きがあれば参加可能。

自然豊かなマレーシアだからこそ体験できるエコツーリズム

和田　等

二千七百四十三万七千人。二〇一四年にマレーシアを訪問した外国人数だが、東南アジア地域では一位、アジア地域では中国（五千五百六十二万二千人）と香港（二千七百七十七万人）に次ぐ三位の数字だった（世界順位は十二位。ちなみに同年の日本の外国人訪問者数は千三百四十一万三千人で、世界二十二位。数字は国連の世界観光機関による）。このうち半数以上の千三百九十三万人を占めたのがシンガポール人だった。シンガポールの人口の二・五倍以上にあたる数の人がマレーシアを訪問する背景には、隣国であり、橋ひとつ越えれば行くことができるという手軽さや物価の安さのほかに、都市国家シンガポールにはない自然の豊かさへの憧れがある。

実際、マレーシアにはエコツーリズムの魅力がどっさり。クアラルンプールから車で二時間ほどの距離にあるパハン州クアラ・ガンダ国立象保護センターはそのひとつだ。

外国人にも人気があるクアラ・ガンダ国立象保護センター（撮影／西上正市）

一九八九年に設立された同センターでは、怪我をしたゾウや親を失った子ゾウを保護し、これまでに延べ七百八十三頭を安全な地域に移転させる活動を行ってきている。このセンターは一般にも開放され、保護されたゾウにエサをあげたり、その背中に乗って川に入ることができ、ゾウと直接触れあう機会をもてる場として、マレーシア人のみならず、外国人にも人気の観光スポットとなっている。二〇一三年の訪問者数は約二十万人を数えた。

またこのセンターの近くに、絶滅の危機に瀕するトラの保護区を数年かけて開発する計画も進んでいる。マレーシア政府は、ゾウとトラの保護区を融合させた地域をつくりだすことでエコツーリズムの拠点にしていく方針だ。

クアラルンプールから車で三時間ほど離れたペラ州ブキメラ・レイクタウン・リゾート内には、オランウータンのリハビリセンターがあり、一般に開放、見学できるようになっている。湖に浮かぶ島に開設されたこのセンターでは、保護したオランウータンを自然環境に適応させるためにリハビリテーションを行っているが、大人や子供のオランウータンだけではなく、赤ちゃんを飼育しているところを見られるのが特徴。また同じ敷地内にあるエコパークでは、さまざまな珍しい動物を間近で見学したり触ったりできる。

マレーシアでオランウータンといえば、ボルネオ島のサバ、サラワク州が思い浮かぶが、わざわざ飛行機に乗って同島に渡らなくてもオランウータンに接することができ、隠れた「癒しスポット」として注目されているのである。

リゾート地として知られるランカウイ島では、在住日本人が案内するマングローブ・リバークルーズが行われ、静かな人気を呼んでいる。まさしく「自然の宝庫」マレーシアならでは、のナチュラルツアーだ。

一方、自国で国民車を生産していることもあり、圧倒的な車社会で自転車に乗っている人の姿をほとんど見ることがなかったマレーシアでも最近、エコ意識が高まり、自転車やサイクリングが見直されるようになってきた。クアラルンプールにマレーシア初の自転車専用道路ができたり、観光客用のレンタル自転車が導入されたのがその表れだ。またKL市役所は二〇一四年、市内の中心部を月一回（日曜日の朝七時からの午前中）自動車通行止めにし、歩行者天国ならぬ「自転車天国」にする試み「KL・カーフリー・モーニング」にも乗りだした。開放された道路ではジョギングやローラースケートなども楽しめる。翌一五年一月からは月二回（第一・第三日曜日）に回数を増やし、その普及を図っている。自転車を借りて街を流してみるのもいいかもしれない。

ただし、乾期（五月から十月頃）には、インドネシアのスマトラ島やカリマンタン島から流れてくる煙によってヘイズが発生するのが毎年恒例のようになっているので、その時期のサイクリングはつらいかもしれないが……。両島では、油ヤシ農園を開墾するため乾期に大規模な土地の焼き払いを行う。その煙がその時期特有の風向きによってマレーシアに流れ込み、スモッグのような状況を招来するのである。

■クアラ・ガンダ国立象保護センター（National Elephant Conservation Centre）
【住所】Kuala Gandah, 28500 Lanchang, Pahang, Malaysia

【開業時間】8時～13時／14時30分～16時30分（金曜日以外）
8時～12時30分／14時30分～16時30分（金曜日）
【電話】6013－979－0272、6013－908－8207
【ウェブサイト】http://www.wildlife.gov.my

■オランウータン・リハビリセンター
【住所】Orang Utan Island, Bukit Merah Laketown Resort, 34400 Semanggol, Perak, Malaysia
【開業時間】9時～18時（島に渡る最終時間は17時）
【電話】605－890－8110（ブキメラ・オランウータン・アイランド・ファンデーション）
【ウェブサイト】http://www.orangutanisland.org.my

■ランカウイ島マングローブ・リバークルーズ
【主催会社】ニッポンメットシンほか
【電話】604－959－3952
【ウェブサイト】http://avenu.net/my/travel/nipponmet/metsin-rankawi.html

マレーシア

マレーシアでのびのび子育て

大澤美恵

マレーシアってどんな国？　住んだこともなく、知人もいないマレーシアに、子供たち三人を連れて移り住んだのが二〇〇二年三月。夫は仕事があるので日本に残りました。どうして移住先にマレーシアを選んだのか？とよく聞かれます。三大理由は、物価が安い、多民族・多言語の国、常夏。私が独身の頃から思い描いていたのは、のびのびできる環境で多言語を習得しながら子供たちが育っていくことでした。

マレーシアで暮らしはじめたとき、長女は八歳、長男七歳、次女三歳で、長女と長男はインターナショナル・スクール、次女もインターナショナルの幼稚園に通いはじめました。インターはイギリス系、アメリカ系、オーストラリア系、カナダ系、ドイツ系、インド系と幅広くあり、学費も低額なところから高額なところまで、さまざまです。インターは世界を小さくしたような感じで、子供たちはいろいろな国籍の友人と出会い、多くの刺激を受けながら学校生活を送りました。

子供たちは三年間インターで勉強したあと、中国語、北京語を主言語とする台湾系の学校に転校しました。私は独身の頃、仕事をしていた大学内で中国人の教授や留学生たちと接することが多く、中国語に興味をもち、中国語を勉強したい、また、自分の子供たちにも習得してほしいと思っていました。台湾系の中華学校は繁体字を使用していることもあり、子供たちは英語に比べ、読み書きにかなり苦労していました。長女は毎晩、中華学校の図書館で寮生たちと勉強し、クラスメートに追いつくよう必死で勉強しました。一方息子は、漢字の読み書きには閉口してまったく勉強しませんでしたが、友人たちとの交流で中国語は話せるようになりました。

この学校はエスカレーター式で高校までありますが、長女と長男は英語教育に戻りたいと希望し、高校からインターに戻りました。小学校一年から台湾系の中華学校で学んだ次女は現在高校生となり、三年後は台湾の大学に進学を希望しています。長女はインターの高校を卒業後にカナダ系のカレッジに進んでおり、カレッジ終了後は大学進学を希望せず、以前旅行して気に入った香港に移り住んで働きながら起業する夢に向かって頑張っています。長女のマレーシアの友人たちは大学に行かずとも起業で成功していて、彼らの影響を大きく受けたようです。目標をもった息子は、現在オーストラリアのモナッシュ大学マレーシア校ではりきってエンジニアの勉強をしています。

私たちが日本に帰るのは二年に一度くらいでしたが、夫が休暇でマレーシアに来たときには必ず家族旅行に行き、家族の時間を大事にしました。家族旅行で行った海や島がとてもきれいで、毎回感動したものです。

四季の変化がないマレーシアですが、常夏の気候は体に楽です。日本の夏ほど暑くなく、湿度もそんなに高くないので、夜寝苦しく感じることもあまりないです。花粉症もありません。またマレーシアは南国フルーツが豊富で、日本で食べたことのない、変わったおいしいフルーツがたくさんあります。フルーツにかぎらず、マレーシアの食文化も面白いです。B級グルメを探求することは、マレーシア生活の楽しみです。

異国に住んでいるといちばん心配なのが病気ですが、マレーシアには日本語を話せるドクター、日本人ドクターもいて、私立の病院では日本語通訳のサポートがあるので安心です。過去十三年半の間に子供たちが四回入院しましたが、病院の設備がしっかりしているので安心でした。

多民族が暮らすマレーシア。それぞれの民族の文化やお祭りを一緒に楽しんだり、テレビやラジオは多言語の放送がされているので語学習得に役立ちます。

マレー人のおばちゃんがいつも甘いココナツを選んでくれます。ココナツをポンポンとたたくと、振動で甘さがわかるそうです。ココナツ１個約100円

甘酸っぱいドラゴンフルーツ、夫の大好物でマレーシアに来るときいつも食べるのを楽しみにしています。旬でないときは残念！

近所の露店で売っているココナツウォーターはほんのり甘くて、ほてった体の熱を冷ましてくれます。長女はこれを飲みながら「おいしいね、幸せ～」といっていました。マレーシアにはココナツウォーターをはじめ、素朴な幸せがたくさんあります。

マレーシア

サラワク州で楽しむご当地グルメ

小関由美子

東マレーシア（ボルネオ島領）のサラワク州は、日本から行くには、クアラルンプールやコタキナバルなどで乗り継がないと行けないちょっと遠い場所。週末だけの利用で遊びに行くのは難しいかもしれません。しかし、旅行や仕事などでサラワク州に来られる機会のある方向けに、日本ではもちろん、マレー半島でもあまり味わえない料理や、自宅でサラワク料理を楽しむのに役立ちそうな食材などをご紹介します。スーパーで購入できる商品のなかから、サラワク州産のものをお土産用に選んでみました。

サラワク・ラクサ（Sarawak Laksa）

マレー半島の方にも人気のサラワク・ラクサは、酸味と辛みの効いたココナッツミルク風味のスープ麺。ブラックペッパーが使われていることと、麺にはビーフンを用いることがサラワク・ラクサの特徴です。マレーシア料理の定番「サンバルペースト」と、ライムが載った小皿が一緒に出てくることが多く、好みの味に調整して食べることができます。

マレー半島ではほとんど見かけない、サラワク州の州都クチンにある「LEE FAH MEE（利華麵）」社が製造しているインスタントラクサ"Sarawak White Laksa"。添付のラクサペーストで辛さを調整することができるので、スパイシーな味が苦手な方にも向いていると思います。ただし、なかに入っている麵はビーフン（米粉）ではなく、小麦麵です。

インスタント麵はかさばるので避けたいという方は、ラクサペーストはどうでしょうか？　スープ麵に用いるだけではなく、パスタソースや野菜炒めなど工夫次第でいろいろ楽しむこともできます。

コロ・ミー（Kolo Mee）

塩と油でよく和えられた麵の上に、焼き豚や葱、ニンニクなどがトッピングされた、サラワク州名物のシンプルな汁なし麵。マレー料理というより、中華料理というほうがシックリきます。スパイシーなものやココナツミルク風味が苦手な方は、ラクサよりもコロ・ミーを選ぶとよいでしょう。

ミディン（Midin）

ミディンとは、見た目がゼンマイやワラビに似たサラワク州でしか採れない山菜の名前。少し粘り気があるけどシャキシャキとした歯ごたえが特徴で、日本人の口に合うと評判です。レストランでは、塩とニンニクなどの香辛料で炒めたものと、オイスターソース炒めのどちらかから選ぶことが多いようです。火力の弱い自宅で調理する場合は、お浸しにして食べてもおいしいです。

ブラック＆ホワイト・ペッパー（Black & White Pepper）

サラワク州特産の香り高いブラックペッパーをふんだんに使った、牛肉や鶏肉のブラックペッパーステーキは、在住日本人にも人気の一品。日本に多く輸出されているサラワク州産のブラックペッパーまたはホワイトペッパーや、ブラックペッパーソースなどはお土産の定番です。

お土産に向きそうな、ペッパーコーヒーやペッパーティー、ペッパーキャンディは、スーパーでは見かけたことがありません。購入したい場合は、土産物店に行くことをおすすめします。

上段左から、サラワク・ラクサのインスタント麺、サラワク・ラクサのペースト。下段左から、アカシア・マンギウム・ハニー、ブラックペッパー（粒）、ホワイトペッパー（粒）、ブラックペッパーソース

サラワク・ラクサ（左）とコロ・ミー

ミディンの炒め物

アカシア・マンギウム・ハニー（Acacia Mangium Honey）
サラワク州産の花ハチミツで、香り高く、くせがない味で人気です。

当地のほとんどのレストランや食堂では、日本のように無料で水が出てくることはありませんし、飲料の持ち込みもできません。また、メニューにあるソフトドリンクは糖分入りのものが大半です。無糖飲料を希望するときは、「チャイニーズティー（中国茶）」または「水」を注文しましょう。

あとがき

　飛行機がシンガポールのチャンギ空港に着く。そのまま地下鉄乗り場に向かってもいいのだが、それが儀式のように、ターミナルビルを出ることにしている。飛行機を乗り換えるときも、時間があれば、シンガポールに入国し、シンガポールの空気を吸う。南国の空気が体に染みこんでいく。

　赤道に近いシンガポールには季節というものがない。しかし飛行機に乗ってきた僕の体は、日本の季節を引きずっている。冬なら、寒さのなかで縮こまってしまった体が、シンガポールの空気に触れると、一気に溶けていく。それは夏でも変わらない。長い時間、冷房に晒された体が生き返るような感覚がある。

　ここならなんとかやっていける。

　いつもそう思う。

　チャンギ空港は静かだ。アジアの空港は、次々にやってくる車やバス、出迎えにきた人たちの会話や団体客を先導する添乗員の声でざわついている。しかしチャンギ空港にはそれがない。利用する人々は多いのだが、空港が広いのか、騒音は拡散し、耳障りな音が届かない。そう、客引きもやってこない。どこかエアポケットのような空間のなかで深く南国の空気を吸い込む。

人の感覚は不思議なもので、冷たい空気のほうが爽快に感じる。僕は暑いアジアに出向くことが多いから、空港を出て巻き込まれる雑踏や排ガスのにおいは暑い空気と一緒に刷り込まれている。バンコク、香港、ホーチミンシティー……。アジアに来たという高揚感はあるが、鼻腔や耳に届くアジアはときに不快である。

しかしシンガポールにはそれがない。やはり空気がきれいなのだと思う。気温は高いが不快感がない。そのなかで体はとろけていく。冷え込む冬の夜、湯に浸かってほっとする感覚に似ている。

こうしてひと息入れ、僕はシンガポールを歩きはじめる。

僕は旅を書き続けている。旅のスタイルは、いまでもバックパッカーのそれに近い。視点も好みも、格安な旅に染まっている。こんな僕が、シンガポールを描こうとすると、どうしても批判的な内容に傾いていってしまう。本書が出版される前、文章をチェックしていただいた校閲者の方から、「マイナス要素が多すぎるのでは……」という指摘をいただいた。わかっていた。原稿を埋めていくと、どうしてもシンガポールのカラクリが気になってしまうのだ。それはバックパッカー風の旅を続けている旅行作家の性《さが》のようなものだと思う。

しかし僕はシンガポールにしばしば出向く。またあの街に行く……そう思うと、どこか体が軽くなる。思考と体が乖離しているということなのかもしれない。

しかしシンガポールは心地いい。体がそう語る。僕は矛盾を抱えながら、これからも足繁く、シンガポールの土を踏むのだろう。

マレーシアに向かう回数も多い。タイは僕にとってのアジアの基点である。そしてシンガポールにしばしば出向くとなると、その間にあるマレーシアを訪ねる回数も自然と増えていく。しかしマレーシアには申し訳ないが、通り過ぎていくような旅が多い。マレーシアは名古屋だと聞いて妙に納得したのはそのためだ。シンガポールが東京で、バンコクが大阪。名古屋はやはり通りすぎることが多くなってしまう。

今回はその通りすぎてしまった街をゆっくりと歩いてみた。東海岸のケランタン州は心に残っている。タイ国境に近いエリアに、あれだけ濃厚なマレー人の小宇宙が横たわっていたとは思わなかった。多民族国家のマレーシアは、ときにテーマが分散し、描きにくい国ではある。しかしマレー人の故郷のようなエリアを歩きながら、マレーシアという国が少しだけわかったような気がした。

本書は「週末旅」シリーズの一冊である。これまでひとつの国や都市を中心に書き進めてきた。シンガポールとマレーシアというふたつの国を並列する形で描いたのははじめてだった。このふたつの国は、もとはひとつの国だった。その後、マレーシアがシンガポールを追放する形でふたつの国になった。そんな理由もあった。実際、ふたつの国は、その関係性のなかで、戦後社会を生き延びてきた。

マレーシアの項をまとめるなかで、その要素に多くのスペースを割かなければならなかった。マレーシアをシンガポールと切り離した国として、もっと分け入っていかなくてはいけないと思っていた。しかし多民族という壁の前で、ひとつの民族だけに入り込むことは難しかった。マレーシアという国を描けない気がしたのだ。それがマレーシアという国の立ち位置だという気もする。

口絵と本文の写真は、阿部稔哉カメラマンに撮り下ろしてもらった。一部、僕の写真も使っている。第八章は、シンガポールとマレーシアに住む日本人に、それぞれの魅力を綴ってもらった。

出版にあたり朝日新聞出版の大原智子さんのお世話になった。

二〇一五年十二月

下川裕治

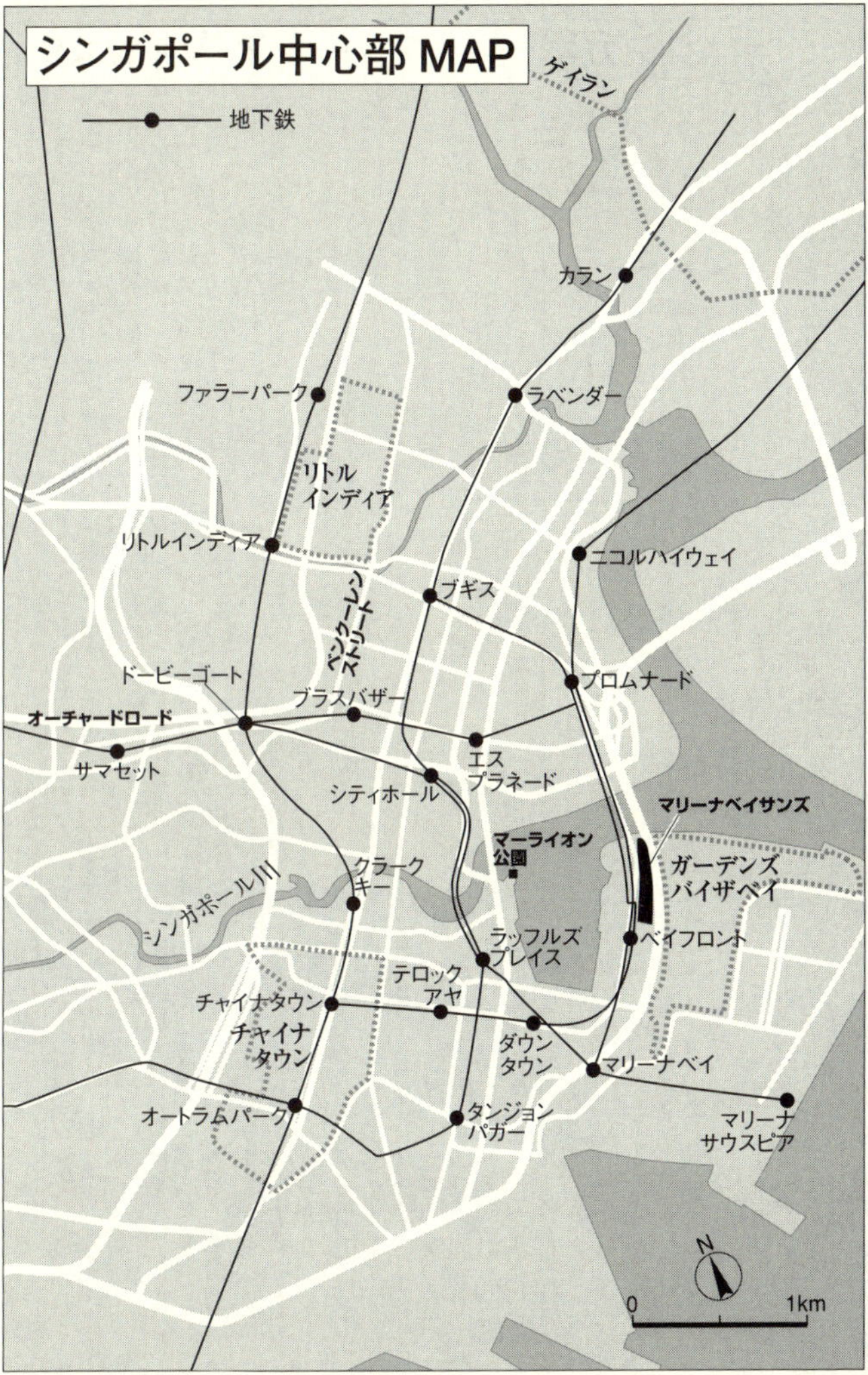
シンガポール中心部 MAP
地下鉄
ゲイラン
カラン
ファラーパーク
ラベンダー
リトル
インディア
リトルインディア
ニコルハイウェイ
ブギス
ベンクーレン
ストリート
ドービーゴート
ブラスバザー
プロムナード
オーチャードロード
サマセット
エス
プラネード
シティホール
マリーナベイサンズ
マーライオン
公園
ガーデンズ
バイザベイ
クラーク
キー
シンガポール川
ラッフルズ
プレイス
ベイフロント
テロック
アヤ
チャイナタウン
チャイナ
タウン
ダウン
タウン
マリーナベイ
オートラムパーク
タンジョン
パガー
マリーナ
サウスピア
N
0
1km

シンガポール・マレーシア広域MAP

ミャンマー
タ イ
カンボジア
ベトナム
マレー半島
コタバル
ケランタン州
ペルリス州
ケダ州
バターワース
ペナン島
トレンガヌ州
ペラ州
ペナン州
マレーシア
イポー
パハン州
セランゴール州
ネグリ・スンビラン州
クアラルンプール
マラッカ州
ジョホール州
マラッカ
ジョホールバル
インドネシア
シンガポール
スマトラ島

JASRAC 出 1514604-501

週末《しゅうまつ》シンガポール・マレーシアでちょっと南国気分《なんごくきぶん》 朝日文庫

2016年1月30日　第1刷発行

著　者　下川裕治《しもかわゆうじ》

写　真　阿部稔哉《あべとしや》

発行者　首藤由之

発行所　朝日新聞出版
〒104-8011　東京都中央区築地5-3-2
電話　03-5541-8832（編集）
03-5540-7793（販売）

印刷製本　大日本印刷株式会社

Published in Japan by Asahi Shimbun Publications Inc.
定価はカバーに表示してあります

ISBN978-4-02-261846-7